GRUNDLAGEN EINES KRITISCHEN DENKENS

Neue Subjektile
Herausgegeben von
Marcus Coelen, Felix Ensslin, Johannes Kleinbeck,
Claire Nioche und Oliver Precht

DIDIER ERIBON

Grundlagen eines kritischen Denkens

Aus dem Französischen von
Oliver Precht

VERLAG TURIA + KANT
WIEN–BERLIN

Bibliografische Information der Deutschen Nationalbibliothek
Die Deutsche Bibliothek verzeichnet diese Publikation in der Deutschen Nationalbibliografie; detaillierte bibliografische Daten sind im Internet über http://dnb.ddb.de abrufbar.

Bibliographic Information published by
Die Deutsche Nationalbibliothek
The Deutsche Bibliothek lists this publication in the Deutsche Nationalbibliografie; detailed bibliographic data are available on the Internet at http://dnb.ddb.de.

ISBN 978-3-85132-896-7

Originaltitel: »Principes d'une pensée critique«

Avec le soutien du
CNL Centre national du livre

Cet ouvrage a bénéficié du soutien des Programmes d'aide à la publication de l'Institut français.

VERLAG TURIA + KANT
A-1010 Wien, Schottengasse 3A/5/DG1
Büro Berlin: D-10827 Berlin, Crellestraße 14
info@turia.at | www.turia.at

Inhalt

Inhalt

EINLEITUNG. UNTER WELCHEN VORAUSSETZUNGEN KANN EIN DENKEN KRITISCH SEIN?

Die sechs in diesem Band versammelten Essays gehen auf Vorträge zurück, die ich in Frankreich und im Ausland in den Jahren von 2003 bis 2015 gehalten und in der Folge umgearbeitet und stark erweitert habe, um sie zu einem kohärenten Ensemble zu fügen. Gemein ist ihnen, dass sie die theoretischen Grundlagen eines kritischen Denkens herausarbeiten und sie zugleich in der Erforschung der Herrschaftsmechanismen der sozialen Welt und der Formen des Widerstands zur Anwendung bringen. Sei es durch die Selbstanalyse und die Erforschung der sozialen und historischen Strukturen, zu denen die Selbstanalyse unweigerlich führt; sei es durch eine erneue Lektüre gewisser literarischer Texte, die uns kraftvolle, aus der erlebten Erfahrung geschöpfte Reflexionen über den Prozess der Unterwerfung und der Erniedrigung bieten; sei es durch einen Rückblick auf die politischen Bewegungen, die durch ihre Kämpfe auf dem Feld der rechtlichen Ordnung dazu beigetragen haben, jene am tiefsten verwurzelten und verwurzelnden Normen aufzulösen, auf denen sich in unseren Gesellschaften die Allianz- und Verwandtschaftssysteme begründen. In den hier versammelten Untersuchungen und Analysen, deren Themen und Inhalte während des zehnjährigen Zeitraums, in dem sie geschrieben wurden, eng an die Umstände ihrer Entstehung gebunden waren, ging es mir stets darum, die theoretischen Schemata aus meinen Büchern in ihrer Anwendung zu präsentieren.[1]

Die zwei großen Grundsätze, die mich geleitet haben und die mir die Bedingungen für ein kritisches Denken zu umschreiben scheinen, sind die Folgenden:

1.) das Prinzip des »Determinismus«: Das kritische Denken ist notwendigerweise ein Denken, das sich zur Aufgabe macht, die fundierende Kraft der historischen und sozialen Determinismen zu analysieren, von denen die individuellen und kollektiven Existenzen geprägt werden;
2.) das Prinzip der Immanenz: Das kritische Denken ist notwendigerweise ein Denken, das die Kraft der Determinismen als vollkommen historisch und gesellschaftlich versteht.

Noch fundamentaler ist jedoch das Zusammenspiel dieser beiden heuristischen Grundsätze, das den Rahmen für jedes Denken vorzeichnet, das beansprucht, kritisch zu sein. Nur daraus, dass sie sich wechselseitig stützen, schöpfen und erhalten die beiden Prinzipien die Kraft, mit der Orthodoxie und mit allen Formen des Denkens und des Ungedachten zu brechen, die an die etablierte Ordnung gebunden sind.

---

1 Vgl. dazu: *Réflexions sur la question gay* (1999), *Une morale du minoritaire* (2001), *Rückkehr nach Reims* (2009; dt.: 2016), *Gesellschaft als Urteil* (2013; dt.: 2017).

Wenn man sich auf den Grundsatz des Determinismus beruft, so macht man es sich zur Aufgabe, die – mehr oder weniger alten, mehr oder weniger tief verwurzelten, mehr oder weniger stratifizierten, mehr oder weniger verborgenen – Mechanismen zu beschreiben, die die Geste und das Sprechen der gesellschaftlichen Akteure bestimmen. Genauer gesagt, macht man es sich zur Aufgabe, sie ans Licht zu bringen.

Wenn man sich auf den Grundsatz der Immanenz beruft, so widerspricht man der Vorstellung, dass bestimmte Sphären des kollektiven und individuellen Lebens von einer (logischen, politischen, psychischen, juridischen) Notwendigkeit beherrscht werden, die vom gesellschaftlichen Wandel und vom politischen Handeln unberührt bleibt. Als Produkte der Geschichte, die von der Geschichte und in ihr hervorgebracht wurden, können sie durch die kritische Befragung und durch die politische Praxis einem geschichtlichen Wandel unterworfen werden.

Derart ineinander verschränkt, bilden diese Grundsätze, also die Vorstellung des Determinismus – die sich allgemein auf den Komplex von Vorbestimmungen bezieht, die die soziale Welt gestalten und auf den gesellschaftlichen Akteuren lasten, die aus dieser Welt hervorgehen – und die Vorstellung der Immanenz – die, entgegen der enthistorisierenden Prozesse, die ihnen inhärent sind, auf der geschichtlichen Kontingenz der Zwänge beharrt – gemeinsam das epistemologische Fundament jeder theoretischen Aktivität, die einen kritischen Anspruch verfolgt. Mehr noch, sie bilden die Grundlage jeder emanzipatorischen Politik, die ein realistisches Wissen von der sozialen Welt entwickeln will, stets darauf bedacht, die Perspektiven und Möglichkeiten politischen Handelns ebenso zu bestimmen wie seine Schwierigkeiten und Grenzen.

Die kritische Herangehensweise muss sich als systematische Erforschung des gesellschaftlichen Unbewussten entfalten – des gesellschaftlichen Unbewussten insofern es, unter anderem, durch Klassenzugehörigkeiten strukturiert ist, aber auch durch all die Zugehörigkeiten, die der ebenso objektiven wie performativen Kraft der Kategorisierungen entspringen, auf denen das Funktionieren der gesellschaftlichen Hierarchien beruht. Das soziale Unbewusste setzt sich aus Sedimenten zusammen, die sich im Lauf der persönlichen und somit kollektiven Geschichte in den Köpfen der Individuen angesammelt haben, entsprechend der gesellschaftlichen Milieus, in denen sie sozialisiert wurden, oder der Identitäten, die ihnen als Habitat für ihre Existenz zugewiesen wurden - zugewiesen vor allem durch die Beleidigung und durch die Zuschreibung stigmatisierter Kategorien. Die soziale Psychoanalyse dieses Unbewussten stellt für die Kritik eines der wichtigsten Werkzeuge dar, um die selbstverständliche Doxa der Welt, in der wir leben und die stillschweigende Komplizenschaft aufzubrechen, in der jeder von uns Tag für Tag zu leben gezwungen ist.

Die Analyse der geschichtlichen und gesellschaftlichen Determinismen auf der einen und die Absage an Transzendenzen, an Transzendentalien oder Quasi-Transzendentalien auf der anderen Seite,[2] oder besser gesagt, die intrinsischen und unauflöslichen Bande zwischen der Notwendigkeit einer Analyse der Determinismen und der nicht minder entscheidenden Zurückweisung der Transzendenz scheinen mir das Feld für ein kritisches Denken vorzuzeichnen – zumindest dann, wenn man es sich als den Ort vorstellt, an dem die Fäden eines zugleich theoretischen und politischen Vorgehens zusammenlaufen, das sich das Ideal einer radikalen Demokratie zum nie erreichten Horizont macht und deshalb für das Ereignis und das Unerhörte offen bleiben will, das einer Zukunft gegenüber aufgeschlossen bleiben will, die das enthält und ankündigt, was die Gegenwart entlang der sich abzeichnenden Bruchlinien verschiebt und das somit auch gegenüber der Gegenwart aufgeschlossen bleibt, insofern die Zukunft, nach der sie strebt, ihr bereits Form und Sinn verleiht.

Von den Transzendentalien befreit und auf die Immanenz verpflichtet, bleibt das kritische Denken im Kern mit den Fragestellungen verbunden, die die sozialen Bewegungen und die politischen Setzungen aufwerfen. Denn jede dieser Bewegungen und jede dieser Setzungen erscheint, entfaltet und verwandelt sich nach einem Rhythmus und einer Zeitlichkeit, die ihnen eigen sind.

---

2 Diese Transzententalien oder Quasi-Transzendentalien können verschiedene Namen annehmen, etwa den der »symbolischen Ordnung«, auf die sich die Psychoanalyse beruft, oder den der »politischen Autorität« oder des »höchsten Guts«, auf die sich die autoritären und reaktionären Denksysteme berufen, um die Grundlagen des gesellschaftlichen Lebens und der kulturellen Verständlichkeit zu bezeichnen, die sie für unumstößlich halten wollen.

Foucault hat uns aus guten Gründen vor dem Hegelianismus gewarnt, der die politische Philosophie heimsucht und uns dazu verführt, die Zeit als eine einheitliche zu denken. Wir müssen die Zeit der Politik als etwas Heterogenes denken. Gerade diese unbedingte Heterogenität, diese Pluralität, diese Vielheit bietet den Raum für Widerstände gegen die komplexen Mechanismen der Herrschaft (eine Praxis. die selbst weder einheitlich noch vereinheitlichend sein kann). Und nur aus diesen Widerständen heraus können emanzipatorische Praktiken erfunden und die Arbeit an der kulturellen und intellektuellen Erneuerung und somit am politischen Wandel aufgenommen werden.

ERSTER TEIL.
THEORIE DES SUBJEKTS

1. Lebensdaten. Selbsterklärungen und die Ontologie des Gegenwärtigen.[3]

I.

Ich möchte in diesem Text die Theorie des Subjekts wieder aufnehmen, die ich in meinen beiden Büchern *Rückkehr nach Reims* und *Gesellschaft als Urteil* entwickelt habe – ein Diptychon, dem ich den Namen »Zyklus der Rückkehr« geben möchte.

Es sind schwierige Fragen und ich bin nicht der erste, der sie stellt. Ich frage mich sogar, ob sie nicht, zumindest implizit, jedem Schreiben über sich selbst eigen sind, sei es ein fiktives oder autofiktives Schreiben, eine Autobiographie oder eine Selbstanalyse. Insbesondere im Fall einer Selbstanalyse, denn die Selbstanalyse stellt den Gegenpol zur Autofiktion dar: Hier soll nichts fiktiv sein, nur die Wahrheit, in jedem Fall aber die Veridiktion, also die Sorge darum, die Wahrheit zu sagen, soll hier vorherrschen. Womit wir – im Gegensatz zur Autofiktion, die nicht gezwungen ist, sich mit dem Standpunkt zu beschäftigen, von dem aus sie schreibt – unmittelbar beim Problem der gesellschaftlichen Raster wären, die bestimmen, was »wirklich« und mithin »wahr« ist. Die Vergangenheit ist zu einem sehr hohen Grad durch das

---

3 Erweiterte Version eines Vortrags, den ich in der *Maison française* der Columbia University in New York am 14.4.2014 gehalten und am 14.8.2014 anlässlich der Verleihung der Ehrendoktorwürde durch die Universidad de Tres Febrero in Buenos Aires im *Centro Cultural Borges* wiederholt habe.

geformt, was Maurice Halbwachs die »gesellschaftlichen Raster des Gedächtnisses«, genannt hat. Die »Wirklichkeit« und mithin die »Wahrheit« sind aus diesem Grund sowohl objektiv (das gesellschaftliche Milieu, die Lebensbedingungen, die schulische und akademische Bildung, die Familie, die Sexualität usw.) als auch performativ.[4]

Die zentrale Frage lautet also: »Wer spricht?«. Wer spricht, wenn ein Individuum oder eine Gruppe das Wort ergreift, was sind die Bedingungen einer solchen Rede oder Manifestation? Und wie wird das umrissen, von dem die Rede ist, wenn man von sich selbst als Individuum oder als Mitglied einer Gruppe spricht (oder sagen wir einer »Klasse« in dem unbestimmten Sinn, dass es sich um ein Ganzes von gesellschaftlichen Akteuren handelt, ganz unabhängig davon – doch gerade darum geht es –, worin das Band besteht, das die Individuen zu einer »Klasse« vereint)?

»Was liegt daran wer spricht, hat jemand gesagt, was liegt daran wer spricht« – pflegte Foucault in seinem strukturalistischen oder formalistischen Moment, oder, wenn man so will, in seinem Beckett'schen Moment, zu sagen. Doch man muss nur Beauvoir, Leduc oder Morrison; Césaire, Fanon oder Glissant; Gide, Genet, oder Wittig; Annie Ernaux, Dorothy Allison oder Édouard Louis lesen – und ich könnte auch noch Foucault selbst

---

4 Man versteht die Vergangenheit ausgehend von den gegenwärtigen Auffassungen von Kultur und Politik: Die »gesellschaftlichen Raster des Gedächtnisses« sind auch »politische Raster der Wahrnehmung«. Und die performative Kategorisierung organisiert auf mehr oder weniger bindende und mehr oder weniger exklusive Weise das, was man für das »Wirkliche« oder das »Wahre« zu halten geneigt ist.

(den Foucault von *Wahnsinn und Gesellschaft*, von *Überwachen und* Strafen, von *Sexualität und Wahrheit*) hinzufügen –, um zu verstehen, dass man sich nicht mit dieser Formel begnügen kann. Man muss ganz im Gegenteil die Verstrickung des sprechenden oder schreibenden Subjekts in das, was es spricht oder schreibt, erkennen und begreifen und im Anschluss daran die historische und gesellschaftliche Genealogie dieser Verstrickung nachzeichnen.

Vielleicht besteht darin sogar die zentrale Lehre, die man aus dem Werk von Foucault ziehen kann: »Eine Diagnose der Gegenwart« oder eine »historische Ontologie unserer selbst« zu entwickeln, wie er es in seinen späten Texten vorschlägt (wobei man allerdings zeigen kann, dass dieses Vorhaben bereits seit Beginn der 60er Jahre seine Bücher bestimmt), bedeutet notwendigerweise, die Genealogie unserer selbst zurückzuverfolgen. Wer sind wir? Und wie sind wir geworden, was wir sind? Doch diese Genealogie lässt sich nur durch einen pluralen, sektoriellen und »lokalen« Ansatz wiedergewinnen. Es handelt sich um Diagnosen und Ontologien (im Plural!) unserer selbst. Die geschichtliche Zeitlichkeit lässt sich nie in einer großen Synthese, die jeder von uns verkörpert oder die sich in jedem von uns verkörpert, vereinen oder wiedervereinen: Es gibt vielmehr Gegenwarten, die für jeden von uns verschieden sind, je nachdem, an welche Kollektive, Kategorien oder Ontologien wir uns gebunden haben, je nachdem, an welche Kollektive, Kategorien oder Ontologien die Geschichte uns verwiesen hat, durch die Macht, aber auch durch den Widerstand gegen die Macht, durch die Mechanismen der Unterdrückung, aber auch durch die individuelle und kollektive Arbeit der Erhebung.

Die Frage ist also: Wer spricht, wen man von sich selbst spricht? Und von wem spricht man? Ich möchte sagen: Wer ist das Ich, das schreibt und wer ist das Ich, von dem die- oder derjenige spricht, die oder der schreibt. Jeder Versuch der Selbstanalyse enthält und betreibt eine Theorie der Gesellschaft, der Politik und der Prozesse der Subjektivierung.

Als ich *Rückkehr nach Reims* an meine Herausgeberin schickte, trug das Buch einen Untertitel, nämlich »Eine Theorie des Subjekts«, der erst im letzten Moment zu »Eine politische Theorie des Subjekts« geändert wurde. Meine Herausgeberin, die sich fragte, ob dieser Untertitel nicht eine gewisse Zahl an Leser_innen verschrecken würde, war dafür, diesen Untertitel wegzulassen. Ich sagte zuerst nein, da ich mir die Präsentation meines Buches nicht von meiner Herausgeberin und aus ökonomischen Gründen vorschreiben lassen wollte, schließlich überzeugte mich der Vorschlag jedoch. Ich sagte mir, dass ich nicht extra betonen müsse, dass es sich in meinen Augen um ein theoretisches Buch und nicht um eine Autobiographie handelt, gerade so als wollte ich vorschreiben, wie das Buch zu lesen sei (denn es handelt sich ja trotz allem um eine Erzählung seiner selbst, auch wenn sie die Frage aufwirft, wer diese Autobiographie eigentlich schreibt und von wem die Rede ist. Man könnte die Frage auch so stellen: Welche Wahrnehmungskategorien der sozialen Welt benutzt man, um die Vergangenheit wiederzugewinnen und um das Bild der eigenen Kindheit nachzuzeichnen?). Ob nun mit oder ohne Untertitel, es ging mir in erster Linie darum, eine gesellschaftliche und politische Theorie des Subjekts zu entwickeln: Was ist das »Ich«, was ist ein Individuum?

Es handelte es sich dabei keineswegs um eine neue Fragestellung in meiner Arbeit: Dieselbe Frage steht auch im Mittelpunkt meines Buches von 1999, das auf Französisch den Titel *Réflexions sur la question gay*[5] (der offensichtlich auf Sartres *Réflexions sur la question juive* anspielt, das sich mit der Frage beschäftigt, wie sich die individuelle Identität, die Zugehörigkeit zu einer Gruppe und insbesondere zu einer unterdrückten, beleidigten und verfolgten Minderheit definiert) und das auf Englisch unter dem Titel *Insult and the Making of the Gay Self* erschien. Ich mochte diesen Titel des amerikanischen Herausgebers nicht besonders gern, aber im Grunde fasst er mein Projekt recht gut zusammen. Es ging darum zu zeigen, wie die Beleidigung, womit sowohl die verletzenden Worte als auch das Ganze des gesellschaftlichen Diskurses, die ganze Sprache und Bildsprache, mit all den Hierarchien, die sie transportieren, einer Gruppe von Individuen einen vorbestimmten Platz zuweisen und wie die Effekte der Kategorisierung die Subjektivität der Individuen konstituieren, insofern sie mit diesem Kollektiv verbunden sind – ob sie es wollen oder nicht, ob sie es akzeptieren oder nicht. Das Individuum wird durch diese Zugehörigkeit bestimmt und geformt: Das Subjekt und die Subjektivität werden durch den Prozess der Unterwer-

---

5 [Auf Deutsch würde der Titel, in Anlehnung an Sartres Überlegungen zur Judenfrage, etwa *Überlegungen zur Schwulenfrage* lauten. Anm. d. Übers.]

fung ebenso definiert wie durch die Wiederaufnahme der Kategorisierung in einem »Gegendiskurs«, wie Foucault gesagt hätte, durch die Wiederaneignung der Beleidigung in der Selbstsetzung, durch die Verwandlung der Scham in Stolz: ein Thema, das, wie Sartre so scharfsinnig beobachtet hat, bei Genet allgegenwärtig ist. Es ist also die gesellschaftliche und politische Vergangenheit die uns konstituiert und mit der wir uns auf die eine oder andere Weise unser ganzes Leben herumschlagen müssen.

Sartre beschreibt Genet am Anfang von *Saint Genet* als einen »Nostalgiker«: Ein Ereignis hat für ihn die Zeit erstarren lassen. Man hat ihn benannt: Du bist ein Dieb. Und deswegen ist er ein Dieb und wird es auch bleiben. Ab diesem Zeitpunkt ist die Zeitlichkeit für ihn nichts weiter als eine Wiederholung des Selben: Ein Schuldspruch wurde gesprochen und dieser Schuldspruch hat den Körper und den Geist des Schuldigen geformt. Die Frage wird also sein, wie man Mittel finden kann, diese schicksalhafte Schließung zu überwinden und die Zeit und die Geschichte wieder zu öffnen.

Man kann sich im Grunde frage, ob es nicht möglich wäre zu behaupten, dass jede_r von uns genauso »nostalgisch« ist wie Genet, zumindest in dem Sinn, den Sartre dem Wort gibt: Wir leben alle, ob bewusst oder nicht, mit einem »verhängnisvollen Moment«, der sich in unserem Geist, in unserem Körper und in unserem Herzen eingerichtet hat, nachdem die Welt uns in ihm und durch ihn offenbart hat, was wir in den Augen der anderen sind und in dem wir im gesellschaftlichen Raum mit all seinen Normen und Werten, verortet wurden... Die Benennung, die Anrufung und die Beleidigung sind Urteile, die von einem Tribunal gesprochen werden, das nie tagt und das man nur schwer um Rechtfertigung und Erklärung bitten kann. Die Schuldsprüche dieses Tribunals werden von der gesamten Gesellschaftsordnung wiederholt. Die Reproduktion und Erhaltung dieser Ordnung ist nichts anderes als die Gesamtheit seiner Schuldsprüche, die bestimmen, wer wir sind, was jeder einzelne von uns ist.

Das, was wir sind, wurde immer durch ein Ereignis vorgezeichnet – beispielsweise durch eine Beleidigung, die uns in eine Kategorie einschreibt (eine Kategorie, deren Geschichte es nachzuzeichnen und deren Geographie es aufzuzeigen gilt, wenn man sie verstehen will). Und dieses Ereignis könnte durchaus die Geburt selbst gewesen sein, die uns eine gesellschaftliche Zugehörigkeit zugeschrieben hat, welche uns für immer anhaftet, selbst dann, wenn wir unser Ursprungsmilieu verlassen. Die Zugehörigkeit zu einem Milieu – zu einer Klasse – bestimmt den Horizont unserer beruflichen Wünsche in dem Maße, in dem das Schulsystem die Kinder und Jugendlichen auf unterschiedliche Weise, gemäß ihrem gesellschaftlichen – oder ethnischen – Ursprung verteilt... Das, was man das durch den gesellschaftlichen Ursprung vorbestimmte Schicksal nennen könnte, wird durch die Schule und die von ihr verliehenen »Titel« ratifiziert, bestärkt und legitimiert.

In diesem und durch dieses System reproduziert sich die Gesellschaftsstruktur. Die anfänglichen sozialen »Ungleichheiten« (oder genauer gesagt, die gesellschaftlichen Zugehörigkeiten und die damit verbundenen, unterschiedlich verteilten Möglichkeiten) werden unablässig wiederholt und erneuert: Der Besitz oder Nichtbesitz von kulturellem, aber auch von ökonomischem Kapital, das sich nicht auf das väterliche Erbe reduzieren lässt, das die Reichsten erwartet, sondern ebenso aus höheren Löhnen bestehen kann, die einen gewissen Wohlstand und dadurch gewisse Bildungsmöglichkeiten eröffnen, die anderen verschlossen bleiben: die langen Wege, das was man »freies Studium« nennt, und die Möglichkeit, an einem prestigeträchtigen Ort zu studieren (der selbst wiederum zahlreiche berufliche Tore öffnet, nachdem er denen, die es dorthin schaffen, zunächst erlaubt, ein oder zwei Jahre an prestigeträchtigen Universitäten im Ausland zu verbringen, wo sie Sprachen lernen können, was wiederum ihre ohnehin schon erheblichen Vorteile weiter stärkt). Der Besitz der verschiedenen Formen von sozialem Kapital trägt dazu bei, die Rendite von anderen Formen des Kapitals zu steigern: Ein und derselbe Abschluss hat einen ganz anderen Wert, wenn die Familie in einem Beziehungsnetzwerk verankert ist, das einem in jedem Moment auffängt, sei es durch die ganz banale Hilfe in Form von Informationen, sei es durch die wirklich entscheidende Hilfe in Form von Kontakten, finanzieller Unterstützung, oder von Empfehlungen, als wenn die Familie mittellos ist und nur Leute kennt, die genauso wie sie selbst nichts für andere tun können, weil sie, gesellschaftlich gesprochen, das heißt in der objektiven Hierarchie der Lebensbedingungen, nicht einmal etwas für sich selbst tun können, oder zumindest nicht viel.

Bourdieu hat das eindrucksvoll gezeigt und wir können es Tag für Tag mit unseren eigenen Augen sehen. Es ist mir deshalb unbegreiflich, wie man es verneinen kann. Auf gesellschaftlicher Ebene steht das Niveau der Bildungstitel und der Abschlüsse in einem eindeutigen Verhältnis zu den verschiedenen Formen des Kapitals, über die man verfügt. Das Schulsystem sichert und legitimiert das Fortbestehen der Klassenstruktur und bestimmt so, was die Individuen in dieser Struktur tun und sind.

Es gibt jedoch noch viele andere Formen des Schuldspruchs. Etwa das Viertel, in dem man geboren wird oder lebt, das also, was Bourdieu als »Ortseffekte« bezeichnet, nämlich all das, was mit der Tatsache einhergeht, dass man in einem abgeschotteten Raum geboren wurde oder lebt – in einem Raum, dessen bloße Erwähnung schon genügt, um einen gesellschaftlichen Bann gegen seine Bewohner zu verhängen, wenn es nicht gar in strafrechtlichen Verurteilungen mündet (in den Vereinigten Staaten etwa bedeutet in einem schwarzen Viertel geboren zu werden, statistisch gesprochen, für das Gefängnis geboren zu werden).[6] Und schließlich solche Schuldsprüche, deren wir uns durch Blicke und durch feindliche Gesten bewusst werden – oder durch Beleidigungen: dreckige Schwuchtel, dreckiger Jude, dreckiger N..., die uns nicht nur – negativ – in der Welt verorten, sondern auch unsere Identität begründen und unsere Subjektivität gestalten.

Jede_r von uns trägt die Markierung durch ihr oder sein Milieu und durch das Milieu, in das man geboren wurde, mit sich, die Markierung durch den Platz, der einem zugewiesen ist oder früher zugewiesen war, der

---

6 Vgl.: John Edgar Wideman: *Brothers and Keepers. A Memoir.* New York 2004 [Deutsche Übersetzung einer früheren Fassung: *Bruder und Hüter*. Übers. v. Peter Bartelheimer. Frankfurt am Main 1984]. Und in jüngerer Zeit Ta-Nehisi Coates: *Zwischen mir und der Welt.* Übers. v. Miriam Mandelkow. Berlin 2016.

aber dennoch in allen Situationen, die man danach erleben kann und in allen Erfahrungen, die man durchlebt, präsent bleibt. Die oder der Klassenflüchtige ist vielleicht eine Person, die flieht, sie oder er ist aber zugleich eine Person, die niemals vollständig entkommen kann, weil die Welt, in der sie oder er sich befindet, jeden Moment daran erinnert, dass der Ort, von dem man kommt, ein anderer war.

II.

Ich will unbedingt an einem besonders wichtigen Punkt festhalten. Wenn man über die Selbstanalyse und über die Subjektformierung nachdenkt, so sieht man sich unweigerlich mit Fragen der Psychoanalyse konfrontiert. Als ich *Rückkehr nach Reims* geschrieben habe, war mein Vorgehen aber schlicht und ergreifend nicht psychoanalytisch: Meine Herangehensweise war durch und durch gesellschafts- und nicht psychoanalytisch. Ich würde sogar sagen, dass die Psychologie in diesem Buch keinen Platz hat. Und ich dachte auch, dass sich das von selbst versteht. Doch man kann die Psychoanalyse nicht beiseitelassen, ohne dass sie sich auf tausend verschiedene Weisen wieder ins Gedächtnis ruft, denn sie durchdringt unsere gesamte Kultur. Sie ist eines der wirkmächtigsten Elemente unserer heutigen kulturellen *doxa* – und eines derjenigen, das von den kritischen Diskursen am wenigsten hinterfragt wird. Ganz im Gegenteil bezieht sich der kritische Diskurs viel zu oft auf psychoanalytische Begriffe, was seine destabilisierende Kraft stark einschränkt, denn er versäumt es dabei, die Werkzeuge, die er für sein Denken in Anspruch nimmt, zu hinterfragen. Er versäumt es, die Beziehung zu hinterfragen, die die Psychoanalyse zu eben den Machtapparaten unterhält, die es zu dekonstruieren gilt. Die Psychoanalyse funktioniert im hohen Maße wie eine »Ideologie des Selbst«, die dazu dient, dem Narzissmus der Intellektuellen zu schmeicheln – und gerade daraus zieht sie einen großen Teil ihrer gesellschaftlichen Macht. In jedem Fall herrscht sie in unserer Kultur wie eine Gebieterin des Diskurses und der Signifikanten: Sie ist die Gebieterin der Gebieter-Signifikanten, denen die politische Kritik kompromisslos entgegentreten sollte.

Man kann sich also nicht damit begnügen, sie einfach beiseite zu lassen und sich nicht auf sie zu beziehen: Man wird schnell zugeben müssen, dass man sie ablehnt, man wird schnell erklären müssen, warum man sich nicht auf sie bezieht. Als ich eines Abends, zu der Zeit, als ich *Rückkehr nach Reims* schrieb, mit einem Freund zu Abend aß, verkündete er mir: »Wie kannst du, wenn du ein Buch mit dem Titel *Der Psychoanalyse entkommen* geschrieben hast, über die Beziehung zu deiner Mutter und deinem Vater schreiben? Du wirst nicht umhinkommen, Begriffe wie den Ödipuskomplex zu verwenden.« In diesem Moment wurde mir bewusst, dass ein derartiges Buch nicht einfach nur nicht psychoanalytische sein konnte. Es muss sich vielmehr entschlossen antipsychoanalytisch präsentieren. Ich habe deshalb einige Abschnitte hinzugefügt, die betonen, dass jeder psychoanalytische Ansatz, indem er die Analyse auf die Ebene des Individuums oder auf die Ebene des eng umschriebenen Kreises der Familie verlegt, eine Form der Entgesellschaftlichung, der Entgeschichtlichung und der Entpolitisierung der in Frage stehenden Probleme darstellen würde. Wenn ich von einer Entpolitisierung rede, sollte ich wohl genauer sagen: auf eine entpolitisierende und gerade deshalb äußerst politisierende Weise politisieren, indem sie die gesellschaftliche Dimension ausschließt (insbesondere die Dimension der Klasse, aber auch die Dimensionen von *race*, Ethnizität, Staatsbürgerschaft usw.).

Die Psychoanalyse neigt dazu, die in Frage stehenden Prozesse zugleich zu individualisieren und zu universalisieren: Tatsächlich versucht sie zu begreifen, wie die psychischen Mechanismen, die für alle dieselben sind und die man unter die großen Kategorien, wie den Ödipuskomplex, die sexuelle Differenz, den Phallus, die Rolle des Vaters, das Trauma, die Unvollständigkeit, den Verlust und die Trauer subsumieren kann, wie sich diese Mechanismen in einem bestimmten Fall, bei diesem oder jenem Individuum auswirken. Ein universelles analytisches Raster erlaubt es, allen partikularen Fällen gerecht zu werden. Die Herausbildung der Psyche wäre demnach an den Raum der Familie gebunden, der durch das Dreieck Vater-Mutter-Kinder definiert ist. Ich weiß, dass mir eine große Zahl von Psychoanalytiker_innen widersprechen werden, so wie sie es auch bereits getan haben, dass meine Behauptung nicht für die ganze gegenwärtige psychoanalytische Theorie gilt, die viel diverser und bisweilen auch weniger konservativ ist, als ich behaupte und dass sie gewiss nicht für alle praktizierenden Psychoanalytiker_innen gilt. Wie man mir sagt, versuchen einige unter ihnen, auch wenn sie weiterhin in der Minderheit bleiben, sich jenen Wirklichkeiten zu öffnen, von denen ich behaupte, dass sie sie verleugnen oder als abgeleitete Phänomene marginalisieren (wenn sie sie nicht gar öffentlich anprangern, wie es viele von ihnen so lange – und zum Teil bis heute – getan haben, etwa in Bezug auf gleichgeschlechtliche Paare und Eltern).

Das ist sicherlich korrekt – und ich könnte natürlich einige Namen von Analytiker_innen nennen, die versuchen, das analytische Denken zu erneuern (etwa Adam Phillips in Großbritannien, dessen Bücher ich mit Freude und mit Gewinn lese, um nur einen einzigen zu nennen) –, aber ich habe auch behauptet, dass dieser Diskurs nichts als bloße Verneinung ist und dass die meisten, nachdem sie behauptet haben, die Psychoanalyse sei ganz anders, jene ältesten und am engsten mit dem familialistischen, maskulinistischen, heterosexistischen, eurozentrischen und stets mit dem individualistischen Dogma verbundenen Begrifflichkeiten wieder in Umlauf bringen, die in hohem Maße mit einem kritischen theoretischen Ansatz unvereinbar sind, der notwendigerweise »kollektivisierend«, also geschichtlich, gesellschaftlich und politisch ist.

Mir ist bewusst, dass selbst Bourdieu einmal gesagt hat, dass sich die Potentiale des soziologischen und des psychoanalytischen Ansatzes ergänzen sollten. Vielleicht wollte er damit – aus strategischen Gründen? – konziliant erscheinen, in jedem Fall hat er damit auf die Radikalität seines eigenen Denkens verzichtet, dessen ganzer Ansatz und dessen begriffliche Architektur meines Erachtens dem Ansatz und der begrifflichen Architektur der freudianischen und lacanianischen Theorie widersprechen.

Man muss nur *Die männliche Herrschaft* lesen, um sich davon zu überzeugen. Auch wenn er es nur selten ausspricht, wird die Psychoanalyse hier auf jeder einzelnen Seite als etwas verstanden, was es zu analysieren gilt und nicht als etwas, das der Analyse dient: Ihre Begrifflichkeit ist ein Komplex von ideologischen und mythologischen Schemata, die das androzentrische Unbewusste der Kulturen des Mittelmeerraumes widerspiegeln und zum Ausdruck bringen und an der männlichen und maskulinistischen Ordnung teilhaben. Wir müssen also ihr Abbild und ihre Einprägsamkeit untersuchen, um ihre Wirkmächtigkeit zu untergraben. Das wird spätestens in Bourdieus Aufsatz von 1990 klar, in dem er seine ethnographischen Studien zur Kabylei wieder aufnimmt, um sie für eine »objektive Archäologie unserer eigenen Gesellschaft« fruchtbar zu machen und die bäuerliche, traditionelle Welt der Kabylei als »Vergrößerungsspiegel« für unser eigenes Sein benutzt. Der Umweg über die Kabylei erlaubt es, unsere Gesellschaft zu »exotisieren« und ihre Herrschaftsstrukturen zu denaturalisieren. Am Anfang dieses Aufsatzes zitiert er einen Text von Lacan, der keineswegs eine Analyse, sondern vielmehr ein offenkundiges Symptom, ja eine grobschlächtige Manifestation des androzentrischen Unbewussten darstellt, die durch die wissenschaftliche Rhetorik ermöglicht und notdürftig verschleiert wird. Man kann hier beobachten, wie sich das Phantasma des männlichen Stolzes seinen Weg an die Oberfläche bahnt und die Wahrheit über den sich selbst als »gelehrt« präsentierenden Diskurs verrät.[7]

---

7 Vgl. dazu: Pierre Bourdieu: *Die männliche Herrschaft*. Übers. v.

Foucault war in diesem Punkt oft weniger kompromissbereit als Bourdieu. Genauso wie man sein *Wahnsinn und Gesellschaft* als eine radikale Infragestellung der Psychiatrie lesen muss, muss man auch *Sexualität und Wahrheit* als eine radikale Infragestellung der Psychoanalyse begreifen (diese Infragestellung macht den Kern jenes immensen Unternehmens aus, das er seit Mitte der 70er Jahre auf den Weg gebracht hat).

Die psychoanalytische Theorie ist wie jede Theorie in hohem Maße performativ: Sie schlägt eine Wahrnehmung der Realität zunächst vor, setzt sie dann durch und konstruiert und produziert schließlich ebenjene Realität. Es gilt also, ihr eine andere Konstruktion des Realen, eine andere Theorie entgegenzusetzen. Was uns zu der Aufgabe führt, die Politik und die Kultur- und Gesellschaftskritik auf eine neue Weise zu denken.

Denn die Einzelfälle sind nicht immer Einzelfälle: Sie sind in die Strukturen von Klasse, Gender, Rassifizierung und Ethnizität eingebettet. Gehört man beispielsweise nicht derselben Klasse an, wie seine Eltern, dann spielt das für Konflikte, Missverständnisse und die gesellschaftliche Distanz eine Rolle. Man kann es in zahlreichen literarischen Werken ablesen: Die Beziehung zwischen Eltern und Kindern können durch psychische Konflikte gestört werden, die nichts mit der Familienstruktur zu tun haben oder quasi notwendige Etappen in der menschlichen Ent-

---

Jürgen Bolder. Frankfurt am Main 2005; »Die männliche Herrschaft.« In: Irene Dölling u. Beate Krais (Hgg.): *Ein alltägliches Spiel. Geschlechterkonstruktion in der sozialen Praxis.* Frankfurt am Main 1997. S. 153-217.

wicklung darstellen, sondern beispielsweise aus einem zu großen Unterschied in Bezug auf die schulische Bildung hervorgehen – etwa wenn die Eltern mit proletarischem oder bäuerlichem Hintergrund sehr früh das Schulsystem verlassen haben und die Kinder wesentlich länger zur Schule gegangen sind, mitunter gar das höhere Bildungssystem erreicht haben.

Genau diese Konflikte beschreiben im Grunde die Bücher von Annie Ernaux, Pierre Bergounioux oder in jüngster Vergangenheit Édouard Louis, um nur französische Autor_innen zu nennen. Man könnte auch an John Edgar Wideman denken, dessen *Bruder und Hüter* sich auf ebenso bewundernswerte wie schmerzhafte Weise mit den Fragen des gesellschaftlichen Aufstiegs und der tiefgreifenden Entzweiung auseinandersetzt, die dieser Aufstieg mit Blick auf diejenigen bewirkt, die man mehr oder weniger vollständig hinter sich lässt und die man mehr oder weniger dauerhaft verlässt – ein Vorgang, der in Gesellschaften wie der unseren fast notwendig, zumindest aber in den meisten Fällen, mit dem Studium und dem akademischen Abschluss einhergeht. Ein Aufstieg und eine Entfernung, die zwar ganz verschiedene Formen annehmen können, aber nichtsdestoweniger fast unvermeidlich sind. Man könnte dutzende andere Autor_innen zitieren, die über ähnliche Themen schreiben. So beschreibt etwa Henry Louis Gates in seiner ausgesprochen schönen Autobiographie *Farbige Zeiten* das Unverständnis, das häufig zwischen Eltern und ihren Kindern entstehen kann, wenn die Eltern im Gegensatz zu ihren

Kindern das amerikanische Schulsystem noch während der Zeit der Segregation erlebt haben.[8]

Eine psychoanalytische Theorie durch eine gesellschaftliche Theorie der Subjektivität zu ersetzen bedeutet also, den Ödipuskomplex durch das Schulsystem zu ersetzen. Um die eigenen Beziehungen zu anderen, die Beziehungen der anderen zu sich selbst und die eigene Beziehung zu sich selbst verstehen zu können, muss man all die Effekte rekonstruieren, die dieses System auf die Beziehung zur Sprache, zur Kultur, zur Zeit und zu den anderen ausübt – zu denen, die einen anderen Platz in der sozialen Welt einnehmen, und deswegen auch zu sich selbst, insofern man sich positiv oder negativ zu den Hierarchien der gesellschaftlichen, professionellen, kulturellen, linguistischen und politischen Legitimität verortet (also als Träger_innen eines positiven oder negativen »kulturellen Kapitals«, wie Bourdieu sagen würde).

Deswegen glaube ich, dass das kritische Denken an Radikalität gewinnen würde, wenn es sich einen Raum nicht-psychoanalytischen Denkens erschließen würde, und wenn es sich zur Aufgabe machen würde, eine politische Theorie des Subjekts zu entwerfen, also eine Soziologie, eine Anthropologie und eine Geschichte der Subjektivierung. Meine Beiträge zu der französischen Debatte über die reaktionäre Mobilisierung von Psychoanalytiker_innen, die sich gegen die Rechte von LGBT-Familien, gegen homosexuelle Elternschaft usw. aussprechen, haben einige meiner Leser_innen glauben lassen,

---

8 Henry Louis Gates Jr.: *Farbige Zeiten. Eine Jugend in Amerika.* Übers. v. Christiane Buchner. Zürich 1997.

dass ich mich lediglich gegen eine bestimmte konservative und prohibitive Auslegung der Psychoanalyse wende. Und ich weiß, dass nicht wenige meine Kritik an jenen rückschrittlichen Diskursen befürworten würden, mir aber zugleich entgegenhalten werden, dass eine andere Auffassung von Psychoanalyse möglich sei. Vielleicht! Ich möchte es gerne zugeben (auch wenn ich es lieber noch mit eigenen Augen sehen würde, um es zu glauben). Doch das ändert nichts am Kern des Problems: Tatsächlich will ich die Psychoanalyse als solche ausschließen, ihre ganze Konzeption des Unbewussten und der Subjektformierung.

Die psychoanalytischen Begriffe, seien sie freudianisch oder lacanianisch, des Ödipuskomplexe, der Kastration, des Vaters, des Phallus, des Gesetzes usw. möchte ich durch eine Theorie ersetzen, die sich in ihren Analysen auf andere Konzepte stützt: auf gesellschaftliche Urteile, Klassen, Gender, Rassifizierung, Verkörperung, Habitus usw.

III.

Um eine gesellschaftliche Theorie des Subjekts entwerfen zu können, müssen wir all die Urteile ans Licht bringen, die die Gesellschaft seit unserer Geburt über uns gesprochen hat und die mitbestimmen, was wir sind und sein werden.

Um diese Urteile zu verstehen, muss man allerdings weit in der Geschichte zurückgreifen. So beginnt der erste Band der Autobiographie von Assia Djebar, *Fantasia*, mit einer Kriegsszene aus dem Jahr 1830: mit der Eroberung

Algeriens durch französische Truppen. Die Eroberung markiert auch den Beginn eines langen und mörderischen Krieges, der von den französischen Invasoren gegen den Widerstand und für die Unterwerfung des eroberten Landes geführt wird. Und ganz am Ende dieses Buches, dieses ersten Bandes ihrer Autobiographie, nachdem sie sowohl von ihrer persönlichen Geschichte als auch von den Kriegen in Algerien gesprochen hat – von dem Krieg der Franzosen in der ersten Hälfte des 19. Jahrhunderts, um das Land zu erobern und von dem Krieg Mitte des 20. Jahrhunderts, um sich gegen die Befreiungs- und Unabhängigkeitsbestrebungen durchzusetzen –, schreibt Assia Djebar: »Eine Feststellung drängt sich auf: Ich wurde 1842 geboren.« Das heißt, sie wurde geboren, als französische Truppen das Dorf ihrer Vorfahren zerstörten: das Dorf meines »Stammes«, wie sie schreibt.

Die erste Frage, die jedem autobiographischen und mehr noch jedem selbstanalytischen Unterfangen zugrunde liegt, ist die Frage nach dem Geburtstag: nicht nach dem offiziellen (rechtlich beglaubigten und administrativ erfassten) Geburtstag, sondern nach dem Tag, an dem die eigenen Lebensumstände begonnen haben, die Epoche in der man lebt, die geographische Situation und die politische Position, bisweilen auch die militärische oder koloniale Gewalt, deren Produkt man ist. Die Frage lässt sich auch so stellen: Wo und wann beginnt meine Autobiographie? Auf welchem Terrain muss ich diesen Beginn verorten? Wo und wann beginnt das »Ich«? Das »Ich« setzt sich aus seiner Geschichte und Geographie zusammen und diese Zusammensetzung macht aus uns, wer wir sind. Und wenn die Subjektformierung mit den

Gesellschaftsstrukturen und ihrer Geschichte verbunden sind, dann müssen wir diese Strukturen und ihre Geschichte kennen.

Assia Djebar erzählt die Geschichte des heroischen und verzweifelten Kampfes von Abd el-Kader gegen die französische Invasion. Und ich erinnere mich, wie der Krieg und seine Schrecknisse mehr als ein Jahrhundert nach der Niederlage dieses Helden des Widerstands, erneut ausbrachen und dieses Mal mit der Unabhängigkeit Algeriens endeten. Und ich erinnere mich, wie in den Schulbüchern von der »großen« Eroberungsepoche eines Landes die Rede war, und ebenjener mutige Held, der sicherlich der Gewalt nicht abgeneigt war, aber zugleich auch ein großer Gelehrter, ein Dichter, Philosoph und Theologe war, als ein primitiver Bandit beschrieben wurde, der glücklicherweise besiegt wurde. Diese Darstellung der historischen Fakten sollte offensichtlich die Hoffnung in uns erwecken, dass seine zeitgenössischen Nachfolger, die den Kampf gegen die koloniale Herrschaft wiederaufgenommen haben, ebenso schnell besiegt werden. Unser Lehrer, der Kommunist war oder zumindest der Kommunistischen Partei nahestand, bemühte sich nichtsdestoweniger, uns eine andere Version der Geschichte und ein anderes Bild der Gegenwart als das der offiziellen Schulbücher zu vermitteln. Ich weiß, dass er Kommunist war, weil er mich eines Tages, ich kann mich nicht erinnern, warum, nach dem monatlichen Einkommen meines Vaters fragte. Meine Antwort inspirierte ihn, im Anschluss an einen empörten Ausruf zu einer langen Tirade über die Lebensbedingungen der Arbeiter. Ich glaube, dass ich glücklich war auf diese Weise vom »maître«, wie man zu dieser Zeit noch zu sagen pflegte, ausgezeichnet worden zu sein.

Der Preis war bekanntermaßen hoch, entsetzlich hoch, aber zuletzt schaffte es Algerien, seine Unabhängigkeit zu erlangen. Wenn ich mit Assia Djebar in der Sprache sprechen würde,[9] in der wir beide schreiben, also auf Französisch, so wären wir uns beide bewusst, dass wir Erben einer langen gemeinsamen Vergangenheit sind, in der unsere Vorfahren und in jüngster Vergangenheit auch die Generationen unserer Großeltern und Eltern auf brutale Weise einander gegenübergestellt waren (allerdings nicht notwendig aus freien Stücken: Die französischen Soldaten hatten nicht wirklich eine Wahl, weil sie an die Entscheidungen der Regierung und der militärischen Führung gebunden waren, die junge Männer aus der Arbeiterklasse in den Kampf gegen die Aufständischen schickten, in Lebensgefahr, wie sich versteht, was sie bisweilen – häufig – dazu brachte, fürchterliche und unsägliche Gräueltaten zu begehen). Lebt diese Vergangenheit noch immer als eine gemeinsame Vergangenheit in uns? Ist sie in mir mit derselben Intensität lebendig wie in ihr (soweit man das nach ihren Beschreibungen beurteilen kann)? Fällt nicht eines der Geburtsdaten, die ich für mein Leben annäherungsweise ansetzen würde, mit ihrem Geburtsdatum zusammen: zwischen 1830 und 1850? Denn als ich ein Kind war, versuchte das Land, dessen junger Staatsbürger ich war – und bis heute geblieben bin – erneut, durch Terror und Folter das Land der Vorfahren von

---

9 Assia Djebar ist am 6.2.2015, einige Monate nach diesem Vortrag, verstorben.

Assia Djebar zu unterwerfen. Wie viele rassistische Beleidigungen habe ich als Kind gegenüber Menschen algerischer Abstammung gehört! Und wie bedrückend war die Realität dieses Krieges selbst im alltäglichen Leben zu spüren und wie tief sind die Spuren, die er in beiden Ländern hinterlassen hat. Nach den Verträgen von Evian stellte sich sehr schnell eine postkoloniale Situation ein, deren Auswirkungen jederzeit und überall spürbar waren. Das anhaltende Trauma der Dekolonisierung und die zwangsweise Rückkehr der Kolonisatoren aus Algerien erklären beispielsweise zu einem gewissen Grad das starke Abschneiden des Front National und der extremen Rechten in Frankreichs Süden.

Und ich muss zugeben, dass mir erst in dem Moment, in dem ich diese Zeilen schreibe, bewusst wird, wie zahlreich die Autor_innen sind, die für mich, während meiner Gymnasial- und meiner Studienzeit, von entscheidender Bedeutung waren und auch heute noch sind, zutiefst von Algerien und vom Algerienkrieg geprägt wurden, sei es auf existentielle, politische, theoretische oder intellektuelle Weise: Sartre, von dem ich gerade sprach, Beauvoir, Bourdieu und Derrida natürlich und auch Fanon... die Liste ließe sich fortführen. Dieser Krieg in Algerien, über den ich in den Schulbüchern las und um den sich die Gespräche der Erwachsenen in meiner Familie drehten (die Mutter meiner Mutter erzählte uns, wie sie versuchte, den Verletzten zu helfen, die in der Nähe der Place de la République auf dem Gehweg lagen, als die Ordnungskräfte damit begannen, die von der Kommunistischen Partei und von anderen linken Organisationen organisierte Demonstration vom 8.2.1962 zu zerschlagen, und wie die Polizisten sie schonungslos zurückdrängten und zu ihr sagten: »Gehen Sie nach Hause, Madame.« Sie war sehr verängstigt. Am Abend erfuhr sie, dass 8 Menschen in der Metrostation Charonne getötet wurden), dieser Algerienkrieg klingt, vermittelt durch die Autor_innen, deren Schriften mir viel später als Stützen meiner eigenen Arbeit und meines eigenen Engagements dienten und dienen, immer noch in mir wider.

Assia Djebar kann also nur schreiben, weil sie von den Stimmen der Gefolterten getragen wird. Sie wurde 1842 geboren. Im Licht der Brände. Und im Schatten der Massaker. Durch sie hindurch sprechen all die anderen. Die ganze Geschichte ihres Volkes spricht durch sie hindurch. Assia Djebar schreibt auf Französisch. Sie schreibt in der »Sprache des Feindes«, wie sie es auf einigen sehr komplexen Seiten ihres Buches ausdrückt: Sie wurde daher, als Sprecherin des Französischen, im Moment der Invasion ihres Landes ein Jahrhundert vor ihrer Geburt, im Moment, in dem das Dorf ihrer Vorfahren brannte, geboren. Sie schreibt in der Sprache der Kolonisatoren. Sie ist sich dessen vollkommen bewusst (wenn ich ihre Bücher lese, dann lese ich sie in der Sprache, in der sie abgefasst wurden: Sie wurden nicht übersetzt, sie erreichen die frankophonen Leser_innen unvermittelt). Und wenn ich den Abschnitt, auf den ich mich hier beziehe, und die ebenso schönen wie komplexen Seiten, die ihn umgeben, recht verstehe, dann legen sie nahe, dass auch ihre Beziehung zu Frankreich, zur französischen Kultur und Literatur usw., ihr Bedürfnis nach Emanzipation von den Traditionen ihres Landes und nach ihrer Unabhängigkeit als Frau bestärkt haben (was sie symbolisch als ein Abnehmen des Schleiers beschreibt). Auf diese Weise ist die literarische und historische Enthüllung des eigenen Selbst in der Sprache des Feindes – die autobiographische Erzählung – zugleich eine Geschichte der Emanzipation, des Ablegens des Schleiers, die denjenigen, die sie ihre »ins Kloster verbannten Gefährtinnen« nennt, nicht kennen. Ihre Erzählungen und Analysen wurden, und das ist ein entscheidender Aspekt, von einer algerischen Frau geschrieben, die sich von der Last der Bräuche und Traditionen ihrer Heimat befreit.[10]

Die »Übung des autobiographischen Schreibens in der Sprache des ehemaligen Feindes« führt uns zu folgender Feststellung: Jeder Satz, den sie schreibt, auch der banalste Satz, ruft sofort den Krieg zwischen zwei Völkern ins Gedächtnis. Sie beschwört die Geschichte der Kolonialisierten in der Sprache der Kolonisatoren. Sie leiht den Unterdrückten in der Sprache der Unterdrücker eine Stimme. Denn sie schreibt ihre Bücher in der Sprache, die ihr den Zugang zur Kultur und zur Emanzipation ermöglichte.

Assia Djebar hat uns einige herausragend schöne Bücher hinterlassen: das großartige *Weißes Algerien*, eine Hommage an die Schriftsteller_innen, denen sie ihre literarische Bildung zu verdanken hat, oder *Nirgendwo im Haus meines Vaters*. Ich beschäftige mich mit ihrem Werk jedoch weniger, um es zu kommentieren, sondern

10 Sie beschäftigt sich immer weiter mit diesem Punkt – eine Frau zu sein, die schreibt, eine Frau, die eine Autobiographie schreibt, eine Frau zu sein, die auf Französisch schreibt. Vgl.: Assia Djebar: *Ces voix qui m'assiègent, en marge de ma francophonie*. Paris 1999.

vielmehr um ihre Frage nach der Bedeutung eines Schreibens in der Sprache des Feindes wieder aufzunehmen. Was bedeutet es, in der unterdrückenden Sprache oder in der Sprache der Unterdrücker über Unterdrückung zu schreiben. In der Sprache des Feindes schreiben ist eine Formulierung von Genet, die auch Annie Ernaux gerne zitierte. Diese beiden Namen mögen einen Hinweis darauf geben, worum es bei der so gestellten Frage geht.

Man könnte auch noch den Namen Paul Celans hinzufügen, der diese Spannung im Sprachgebrauch zweifellos in das größte Extrem gesteigert hat, indem er die Sprache und die literarischen Formen des Feindes benutzte, um ihn zu denunzieren und ihn im Herzen seiner kulturellen Identität anzugreifen, die in seinen Augen eine Mittäterin oder Mitverantwortliche für die Vernichtung der Juden war. Jean Bollack schreibt in seiner meisterhaften und äußerst radikalen Celan-Studie *Poésie contre poésie*: »Für Celan spielte die Positivität der Dichtung von Luther bis Rilke genauso eine Rolle, wie etwa die Kirchen; Goethe, Hofmannsthal und Hölderlin trugen allesamt Verantwortung; jede positive Dichtung wurde angeklagt; alles, was Heidegger in seinen Aufsätzen über die Dichtung kommentieren konnte, gehörte für ihn zu den Möglichkeitsbedingungen des Ereignisses. Die einzige Möglichkeit, das auszusprechen, bestand darin, es in ihrer Sprache zu schreiben, um es gegen sie zu wenden.« Er muss also »eine neue Sprache erfinden, die jene Monstrosität, die der Sprache innewohnt, zum Ausdruck bringt«.[11]

---

11 Jea Bollack: *Poésie contre poésie. Celan et la litterature.* Paris

Bollack schreibt weiter: »In dem Vers ‚Der Tod ist ein Meister aus Deutschland' [...], bezieht sich die Meisterschaft auf die Sprache. Es verweist auf die Götterdämmerung, auf das Land der Gesänge, auf das *Vaterland**; es handelt sich hier nicht um das Soldatische, weniger noch um die Gedichte, die von den Soldaten der Wehrmacht gelesen wurden. Das, was Celan bekämpft, liegt *in* der Sprache; Sprache gegen Sprache; auf diesem Feld wird der Kampf ausgetragen.«

Das derart aufgelöste und wieder zusammengefügte Deutsch ist die Sprache, in der Celan seinen kompromisslosen und schonungslosen Kampf »gegen eine verletzende Sprache« führte.[12] Wie Bollack betont, schreibt Celan nicht »für« die Juden, »sondern verleiht ihnen eine Stimme oder gibt sich vielmehr *mit* ihnen eine Stimme. Der Zusammenschluss wurde durch den Rauch der Konzentrationslager besiegelt.«[13]

In Celans Werk ist alles Geschichte und Geschichtlichkeit: »Celans Geschichte ist die Geschichte einer *Vergangenheit*, die die Gegenwart bestimmt hat – die Gegenwart der *Gedichte*.«[14] Wie wollte man Celan, wie wollte man seine Texte begreifen, wenn man nicht in der Lage wäre, in der Arbeit der literarischen »Enigmatisierung«, die das Gedicht und seine Bilder hervorgebracht hat, den politischen Willen des Dichters zu erkennen, den Willen

---

2001. S. 41.

12 Ebd. S. 5.

13 Ebd. S. 18.

14 Ebd. S. 2.

zur Erinnerung, den Willen, seinem Schmerz und seiner Wut Ausdruck zu verleihen?

Die Tragödie, die das Jahrhundert in zwei Teile zerschnitt, ist »der wichtigste, vielleicht sogar der einzige Bezugspunkt, der einzige *Ursprung*« des Werks von Celan, »sein biographischer, persönlicher, partikularer Ursprung«. Es genügt nicht, eine dunkle Seite jener Kultur, die die Herrschaft und die Unterdrückung legitimiert hat, aufzuzeigen und zu beklagen. Es gilt vielmehr zu zeigen, dass die Kultur als solche und die Sprache der Kultur und der Literatur die Herrschaft und die Unterdrückung – und die Vernichtung – hervorgebracht haben. Eine ganze Kultur- und Nationalgeschichte »verdichtet sich in dem Denken, das zu diesem Ereignis geführt hat. Die Lyrik hat daran teil, sie lässt sich nicht von der Unterdrückung und den Überzeugungen trennen, die mit diesem Denken einhergehen«. Die Dichtung hat sich also selbst verraten, »sie hat sich selbst verleugnet«, weil sie, so wie Celan sie verstand und lebte, »niemals auf der Seite der Repression stehen konnte«. »Sie ist ihrer Natur nach befreiend und zweifellos anarchisch«. Eine Gegengeschichte zeichnet sich ab. Bollack nennt sie »jüdisch«, unabhängig davon, »ob sie nun jüdisch war oder nicht«. Und »die Jahrtausende stehen *neben*, der Herrschaft, an ihrem Rand«: sie stehen »den Ausgestoßenen bei«.[15]

Eine »Resemantisierung« der Sprache: Das ist die Aufgabe, die Celan sich stellt. Und er will dafür weiterhin all das jagen und angreifen, was noch mit dem verwach-

15 Ebd. S. 2f.

sen ist, was er für schuldig hält, das Drama verursacht zu haben.

In der unerhörten Kaskade von Anschuldigungen, die er gegen die Wirkung von Walter Benjamins Schriften in intellektuellen und studentischen Kreisen abfeuert, führt Celan in der und durch die Dichtung seine Reflexion über die Sprache fort, über die Kultur und die Werte, die sie transportiert. Der Titel des Gedichts ist grausam: »Port Bou – deutsch?« Denn Port-Bou ist der Name des Dorfes, in dem Benjamin sich 1940 bei seinem Versuch, nach Spanien zu fliehen, aus Angst, den Franquisten oder der Gestapo in die Hände zu fallen, umbrachte. »Celan unterstellte Benjamin, eine Deutschheit zu vertreten, die er, selbst ein uneingestandener Jude, hätte erkennen und bekämpfen müssen, anstatt sich zum messianischen Erlöser einer wesenhaften Unterdrückung zu machen. [...] Celan wütet gegen die versteckte Apologie der Tradition, die die Verantwortung der Dichter auslöscht.« Celans Verse sind ebenso klar, wie seine erbarmungslose Wut gegen »einen Autor, der ihm nahe steht«, wie Bollack schreibt. Denn Celan greift ebenso die (im Bauhaus verkörperte) künstlerische Moderne an, die, obwohl sie vom Regime verfolgt wurde, viele der von ihm verherrlichten Werte preisen konnte, oder die marxistische Linke, die es vorzog, von »kapitalistischen Monopolen und von der allgemeinen Bewegung des Faschismus, anstatt von der Gewalt der Nazis und der Verfolgung der Juden zu sprechen.«

In seinem Versuch, Deutschland und das Deutsche im Namen eines theologischen Wertes zu retten, den er, wie Bollack in seinem Kommentar zu diesem Gedicht schreibt, »mit all den Ausschlüssen, die er autorisiert und all den Mächten, die er legitimiert«, anerkennt, sagt Benjamin in Celans Augen »ja«. So lautet ein Vers des Gedichts: »er jasagt«. Sein »nein« wäre ein falsches »nein« gewesen. Und sein Tod bringt im Grunde die »Illusion eines faktischen Widerspruchs« zu Ende. Es ist als würde Celan ihn dreißig Jahre später anherrschen: »Wurde deinem Deutsch hier nicht auf ganz andere Weise widersprochen, als du es zu tun gepflegt hast?«[16]

Die Frage, die wir, vermittelt durch Bollacks Analysen, an Celans Gedichte richten möchten, ist die Folgende: Wie kann man so »widersprechen«, dass der Widerspruch kein faktischer ist? Denn wenn man »nein« zu den konservativen Werten und Mächten sagt, sagt man dann nicht letzten Endes doch »ja«? Wie kann man die Kritik der Sprache, der Kultur und der ganzen Herrschaftsstrukturen, Unterdrückungen und Repressionen, die mit ihnen einhergehen, die von ihnen bestimmt und hervorgebracht werden, bis zur letzten Konsequenz treiben? Wie können die Sprache, die Kultur, die Literatur und die Theorie durch eine radikale Kritik ihrer etablierten und akzeptierten Formen, durch eine Zurückweisung aller Konservatismen, auch solcher Konservatismen, die eine bestimmte Kritik der Konservatismen konservieren wollen und so ihr Wesen intakt lässt, eine neue Sprache, Kultur, Literatur und Theorie erfinden, die sich auf der Seite der »Masse von Entrechteten« verortet? Jedenfalls nicht, indem man reinen Tisch mit der Vergangenheit

16 Vgl. dazu das ganze Kapitel »Walter Benjamin en 1968« in: Ebd. S. 93-101.

macht! Im Gegenteil. Denn das Jahrtausend der Opfer« verweist uns auf »tausend Jahre einer durchkreuzenden Sprache« (das wäre eine schöne Devise für die Literatur, die Kultur, die Kunst und die Theorie: durchkreuzen) und die daher die »notwendige Kraft« besitzt, »um die Geschichte umzuschreiben«.[17]

IV

Wer nach der Sprache der Feinde fragt, muss auch fragen, mit welchen Kategorien des Denkens sich die Herrschaft analysieren lässt, mit welchen Kategorien man den Prinzipien der Herrschaft beikommen kann. Kann man die herrschenden und unterdrückenden Kategorien einfach auflösen? Oder sind wir nicht vielmehr beinahe immer und beinahe notwendig in dem Rahmen gefangen, den diese Kategorien vorgeben, wie Foucault nahelegt, wenn er den kritischen oder häretischen Diskurs als eine strategische Konfiguration begreift, der insofern in dem herrschenden Diskurs fundiert ist, als er dessen Bedeutung umkehrt (indem er ihn »zersetzt« und »wieder zusammensetzt« und somit eine neue Bedeutung gibt, um Bollacks Formulierungen in Bezug auf Celan wieder aufzunehmen)? Nebenbei gesagt klingt hier bereits Sartres Idee einer positiven Wiederaneignung der erniedrigenden Kategorisierung durch die Benannten, Bezeichneten oder Unterdrückten an.[18]

---

17 Ebd. S. 194.

18 Vgl. zu diesem Punkt mein Buch *Théories de la litterature. Système du genre et verdicts sexuels.* Paris 2015.

Verfolgen wir für einen Moment den Weg eines anderen Schriftstellers: John Edgar Wideman, ein Afroamerikaner, der in einem schwarzen, benachteiligten Ghetto von Pittsburgh geboren wurde, um später ein berühmter Schriftsteller und Professor zu werden. In *Rückkehr nach Reims* habe ich mich ausführlich mit seinem *Bruder und Hüter* und seinem *Fanon* auseinandergesetzt, insbesondere mit seiner Reflexion über die unterschiedlichen Laufbahnen zweier Brüder, die zusammen aufgewachsen sind, unter demselben Dach und in derselben Welt, der einer von ihnen (der Autor) entfliehen wollte, während der andere (sein Bruder) in dem Beziehungsgeflecht, das sich auf schicksalhafte Weise zwischen dem Jugendlichen der Armenvierteln knüpft, gefangen blieb (das immer stärkere Abgleiten der »Banden« junger Männer in die Kriminalität).[19] Doch sein Werk versucht ständig in die Vorzeit dieser Erzählung seiner Jugend und seines Erwachsenenlebens vorzudringen, indem es die verschiedenen, ja gegensätzlichen Werdegänge zweier Jungen nachzeichnet, die in die identischen gesellschaftlichen Determinismen eingeschrieben sind. In seiner »Homewood-Triologie« (*Damballah, Hiding Place* und *Sent for You Yesterday*) unternimmt er den Versuch, die Genealogie seiner Familie über mehrere Generationen hinweg zu rekonstruieren. Durch die individuellen Geschichten und die Porträts der einzelnen Personen entwickelt er eine Archäologie des schwarzen Ghettos in Pittsburgh, in dem er seine Kindheit und Jugend ver-

---

19 Vgl.: Didier Eribon: *Rückkehr nach Reims*. Übers. v. Tobias Haberkorn. Frankfurt am Main 2016. S. 108-111.

bracht hat. Doch er will dabei nicht stehen bleiben, sondern versucht, noch weiter zurückzugehen, so weit wie möglich, sogar bis an den Punkt, den er sich nur vorstellen kann, ohne ihn genau zu kennen, bis in die Tiefen der Geschichte, wo seine Abstammungslinien entspringen. »Die vergangenen Leben sind in uns und durch uns lebendig. Jeder von uns beherbergt die Geister der Menschen, die vor uns auf der Erde waren, und diese Geister brauchen uns, um weiter zu existieren, genauso wie wir sie brauchen, um überhaupt leben zu können«, sagt er am Anfang von *Sent for You Yesterday*. Das Buch ist wie eine Serie von Porträts aufgebaut, wie eine Serie von individuellen Geschichten, die aber situiert und deswegen kollektiv sind. Die Kapitel lesen sich wie Briefe, die an bestimmte Adressaten in der Gegenwart geschrieben sind. Denn es gilt, diese Geschichten (oder besser gesagt: diese Geschichte, denn es handelt sich um eine einzige, geteilte Geschichte) zu rekonstruieren und zu diesem Zweck die ebenso wache und lebendige wie zum Teil auch in den Tiefen der Vergangenheit verschüttete Erinnerung an sie wiederzuerlangen: »Du erinnerst dich. Ich glaube es war Geral, die zuerst eine Wassermelone einen Brief genannt hat«, schreibt er in *Damballah*, dem ersten Band seiner Triologie, an seinen Bruder gerichtet. »Nach all den Jahren verstehe ich nun ein wenig besser, was sie damit meinte. Sie sagte, dass die Wassermelone ein Brief ist, der an uns andressiert ist. Eine Geschichte für uns, von zuhause. Zuhause, das waren all die Orte, an denen wir niemals waren: der ländliche Süden, die alte Zeit, die Sklaverei, Afrika. Diese saftige, gestreifte Nachricht, aus rotem Fruchtfleisch und mit schwarzen Kernen, die für mich immer wie Kakerlaken aussahen, das war die Négritude als Kreuz, aber auch als Feier – eine Geschichte, die wir schmecken und kauen konnten. Und sie war für uns bestimmt. An uns adressiert. Wir durften sie öffnen und uns darum kümmern.«

Er präsentiert sein Buch folgendermaßen: »Verstehe all diese Geschichten als Briefe von zuhause.« [20]

Die Erzählung von der »Nachbarschaft«, die sich in einer Stadt im Norden der Vereinigten Staaten befindet, verweist uns also auf das »Land«, aus dem er zweifellos stammt, das er aber nicht kennt und das für ihn mit den Namen Süden, Sklaverei und Afrika verknüpft ist. Die Genealogie der Familie verwandelt sich in eine Genealogie eines ganzen Volkes, in eine Genealogie der Schwarzen, mit all dem Leid und dem Schmerz vergangener Tage, die es erst erlauben, die gegenwärtige Situation zu verstehen.

Anhand von *Fatheralong*, seinem hervorragenden biographischen Essai – der zugleich genealogisch ist, denn er zeichnet die Abstammungslinie nach, die von seinem Vater zu ihm und von ihm zu seinem Sohn führt – kann man gut erkennen, wie die persönliche an eine kollektive Identität geknüpft ist, an eine Gruppe, der eine gemeinsame Identität zugeschrieben wird – durch den Rassismus, aber auch durch die Vergangenheit, durch eine ferne Geschichte, die sich, weil man die genauen Details der einzelnen Lebensgeschichten nicht kennt, nur in groben Zügen nachzeichnen lässt. Am Anfang des Buches versucht Wideman sich vorzustellen, was eine

---

[20] Vgl.: John Edgar Wideman: *Damballah*. London 1986. S. 5.

hypersensible Kamera, die offensichtlich noch nicht erfunden wurde, einfangen würde, wenn sie die Begegnung von zwei Schwarzen auf der Straße aufzeichnen würde: Man könnte aus den Bildern das »geteilte Gefühl einer Identität« herauslesen, die »Geheimnisse, die sie miteinander verbinden und die sie in einem Außerhalb verorten«, die »Namen, die wie Flügel in der Luft schlagen – Schwarzer, Afroamerikaner, Farbiger usw.« All das lässt sich kaum begreifen, noch weniger beschreiben, doch wir können, wie Wideman bei solchen Gelegenheiten hinzuzufügen pflegt, mehrmals am Tag, jedes Mal, wenn wir uns begegnen, »durch einen Wimpernschlag, durch ein Kopfnicken, durch ein ausgetauschtes Wort, oder selbst, wenn wir einfach nur, ohne einen Blick auszutauschen, aneinander vorübergehen, das Wunder und das Unglück unserer Geschichte erkennen.« Doch diese Gesten, Blicke oder die Abwesenheit von Blicken usw. drücken, ganz egal, wie flüchtig und schnelllebig sie sind, das aus, was auszudrücken ist: »Ich bin ein Teil von dir und du weißt etwas über mich.« Denn wir haben einen *common ground*, eine gemeinsame Geschichte.[21]

Doch worin besteht diese Vergangenheit und worin besteht diese Geschichte? Wie lässt sie sich sagen, wie lässt sie sich denken? Wie lässt sie sich finden und begreifen, ohne in die Falle eines Diskurses über die »Rasse« zu tappen? Wie kann man sich selbst definieren? Wie kann man für sich selbst sprechen? Mit welchen Worten? Und wer hat diese Worte geprägt? Wer verfügt über sie? Wer

---

21 Vgl. John Edgar Wideman: *Fatheralong*. New York 1994. S. IX-XI.

definiert sie und wer wird von ihnen definiert? Hier ist die Sprache noch eines der entscheidenden Schlachtfelder für die Schlacht, die im Gang ist. Wideman nimmt all diese Probleme sehr direkt in Angriff.

Es geht ihm darum, seine Vergangenheit und seinen Vater wiederzufinden: Gemeinsam unternehmen sie eine Reise in den Süden, wo sein Vater geboren ist und einen Teil seines Lebens verbracht hat, bevor er in den Norden abgewandert ist. Sie versuchen die Orte und das Dorf seiner Jugend wiederzufinden. Doch alles hat sich verändert und nichts von all dem hat die Zeit überdauert. Sie durchsuchen die lokalen Archive nach Spuren der Genealogie ihrer Familie (die Register, in denen die Verkäufe von Sklaven neben denen von Rindern festgehalten wurden) und entdecken auf ihrem Weg über immer weitere Generationen in den Tiefen der Jahrhunderte einen fernen, aber immer noch lebendigen geographischen Ursprung auf dem afrikanischen Kontinent. Auf die Frage »Wann wurde ich geboren?« könnte Wideman antworten – allerdings ohne ein so genaues Datum wie Djebar angeben zu können –, dass er an dem Tag geboren wurde, an dem das Dorf seiner Vorfahren Opfer eines Angriffs wurde, in dessen Verlauf die Bewohner zusammengetrieben und in Ketten gelegt wurden, um schließlich auf ein Schiff gebracht zu werden, mit dem sie auf eine Reise geschickt wurden, die sie – diejenigen, die sie überleben sollten – in Sklaven verwandeln sollte – ein Schicksal, das sie mit ihren Kindern, Enkelkindern, Großenkelkindern usw. teilen sollten. Die Literatur der Antillen und der Karibik und die zeitgenössische afro-amerikanische Literatur wird von dem Bild des »Sklavenschiffs« (man denke etwa an die Texte von Glissant oder von Chamoiseau, um nur zwei frankophone Autoren zu nennen) ebenso heimgesucht, wie von der entsetzlichen Gewalt mit der die Menschen unterjocht wurden, nachdem sie und ihre Nachfahren gewaltsam so weit von ihrer Heimat entfernt wurden: Man lese nur Toni Morrisons Roman, *Menschenkind*, über die Flucht und die Schwierigkeit zu fliehen, der im 19. Jahrhundert spielt und auf beinahe unerträglichen Seiten die Lebensumstände derjenigen beschreibt, die in dem unmenschlichen Zustand der Knechtschaft gehalten wurden.

Diese Wiederentdeckung Afrikas, der Herkunft seiner Vorfahren und somit des Sklavenhandels, der sie auf brutale Weise nach Amerika verschifft hat, diese Wiederentdeckung in seinem tiefsten Innern lässt bei Wideman die analoge Entdeckung der »Schwarzheit« [*négritude*] widerhallen, wie sie durch die poetischen Stimmen von Aimé Césaire, Léopold Sédar Senghor und Léon Gontran Damas verkündet wird. Sie erinnert auch an Nina Simone, die sich, nach Jahren des Engagements für die Black Panthers und für einen schwarzen Staat in den USA, vom Kampf gegen den beißenden und allgegenwärtigen Rassismus zermürbt, entschloss, nach Liberia zu ziehen, das sie schließlich für ihre wahre Heimat hielt, in der sie sie selbst sein konnte: Eine Rückkehr in ihr Geburtsland, dachte sie, genauso wie diejenigen, die diesen Staat gegründet haben, oder jedenfalls an den Ort, oder in die Nähe des Ortes, an dem ihre Vorfahren geboren wurden.

Wideman sagt es: Bei seiner Rückkehr in das South Carolina der Jugend seines Vaters entdeckt er, welche

Rolle »diese Region in der Ökonomie seines Seins« spielt.[22] Er begibt sich auf die Suche nach seinen »Wurzeln«. Doch wo endet diese Suche? Wo verliert sie sich? In welchem Afrika?

Denn Wideman betont zur gleichen Zeit, dass er die »giftige Wolke« zutiefst verabscheut, die uns seit dem Moment umgibt, in dem der Begriff der Rasse die Bühne betreten hat – die Gefahren, die alle Worte, Gesten und Situationen, in denen die »Rasse« in die persönlichen und sozialen Beziehungen interveniert, immer und überall mit sich bringen. Es geht, kurz gesagt, um die Frage, wie man die »Rasse« auflösen kann, wenn man doch selbst von ihr konstituiert ist und auch weiterhin – so sehr sich auch der eigene Körper und das ganze Sein dagegen sträubt – an der vergangenen und gegenwärtigen Zugehörigkeit zu ihr festhalten will? Wie kann man die Rasse zugleich bejahen und verneinen?

Wir sehen uns hier mit einem Widerspruch konfrontiert, der zweifellos für alle politischen Bewegungen und für alle Verwandlungen der gesellschaftlichen Ordnung konstitutiv ist. Das, was Joan W. Scott als das »unüberwindliche Paradox« der feministischen Bewegung bezeichnet hat: Sich in der Differenz zu verorten, um Gleichheit zu fordern. Man kann diesen Widerspruch nicht loswerden. Man kann nur, je nachdem, was der Augenblick und die Umstände gebieten, von einem Pol zum anderen wandern, indem man ebenso auf der

22 John Edgar Wideman: *Fatheralong*. New York 1994. S. 101.

Gleichheit wie auf der Differenz beharrt – und auf der Differenz in der Gleichheit.[23]

Da ich nun bereits über »Rasse« und über Feminismus gesprochen habe, möchte ich zum Schluss über den Ort sprechen, an dem sie sich überschneiden. Dazu beziehe ich mich auf Kimberlé Crenshaws berühmten Aufsatz »Mapping the Margins« und den Begriff der Intersektionalität, den sie darin entwickelt. Wir befinden uns alle an der Schnittstelle mehrerer sozialer Identitäten, mehrerer Geschichten, mehrerer geschichtlicher und potentiell politischer Einschreibungen. Diese verschiedenen Zugehörigkeiten können auf der persönlichen ebenso wie auf der politischen Ebene in Konflikt miteinander geraten.[24]

Hier begegnet uns, wenn auch in ganz anderer Form, die gesamte Problematik, die ich in *Rückkehr nach Reims* herausstellen wollte: Durch die LGBT-Bewegung habe ich eine Wahrnehmung meiner Vergangenheit entwickelt, in der ich ein schwules Kind war und durch die ich mich in eine schwule Geschichte eingeschrieben habe (Wann wurde ich also geboren? 1895, im Augenblick des Prozesses gegen Oscar Wilde? 1924, als Gide sein *Corydon* ver-

---

23 Vgl.: Joan W. Scott: *Only Paradoxes to Offer: French Feminists and the Rights of Man*. Harvard 1996.

24 Vgl. dazu: Kimberlé Crenshaw: »Mapping the Margins: Intersectionality, Identity Politics, and Violence Against Women of Color.« In: *Stanford Law Revew*. Bd. 43. Nr. 6. 1991. S. 1241-1299. Ich werde nicht versuchen, diesen Text, der so wichtig war und so viele Debatten angestoßen hat, zu interpretieren. Er beschäftigt sich mit Fragen, die ein wenig anders gelagert sind, als diejenigen, denen ich mich hier annähere und die mich zu weit von der Logik dieser Konferenz entfernen würden.

öffentlichte? 1952, als Sartre seinen *Saint Genet* veröffentlichte?). Dadurch habe ich vergessen (nicht wirklich vergessen, aber zumindest sozial und politisch verdrängt), dass ich auch ein anderes Kind war, ein Arbeiterkind – Kind eines Hilfsarbeiters und einer Putzfrau –, das aber in keinem Diskurs, in keiner theoretischen Kategorie weiterlebt, seitdem der Marxismus aus der französischen intellektuellen Szene quasi verschwunden ist. Wann bin ich in dieser Hinsicht geboren? Zur Zeit der industriellen Revolution, in der sich die Manufakturen und bald darauf die Fabriken entwickelt haben und mit ihnen das, was man die »Arbeiterklasse« zu nennen pflegt? Als Marx das *Manifest der kommunistischen Partei* veröffentlichte oder als er *Das Kapital* verfasste? Als die reaktionäre Bourgeoisie 1870 durch ein Blutbad den Arbeiteraufstand der Pariser Kommune unterdrückte? Oder 1936, als der Augenblick des *Front Populaire* gekommen war, der Augenblick der großen Streiks und Demonstrationen, die zugleich die Kulisse boten und seine heroische Geste darstellten? Oder, etwas prosaischer, in dem Moment, in dem sich meine Eltern bei einem öffentlichen Tanzabend trafen – damals eine wichtige Institution der Arbeiterkultur, die Samstagabends in den Vororten veranstaltet wurde. Oder früher, als Wellen von Immigranten aus Südspanien nach Frankreich flohen, um der Misere, die in ihrer Heimat herrschte, zu entkommen, um hier Arbeit zu finden, wie es beim Vater meiner Mutter der Fall war, den sie niemals kennengelernt hat? Wäre ich dann ein Produkt der Immigration der Armen aus dem Süden und der Arbeiterkultur des Nordens? Und ein Abkömmling von Marx und den großen Streiks von 1936?

Kann ich diese verschiedenen Geschichten in Einklang bringen? Kann ich die Elemente, aus denen ich bestehe, verallgemeinern, totalisieren? Kann ich die verschiedenen Zeitlichkeiten vereinen? Oder muss ich mir eingestehen, dass sich die gesellschaftliche und politische Zeit niemals vereinen lässt? Politisch zu sein bedeutet, bestimmte Dimensionen des gesellschaftlichen Lebens zugunsten anderer Möglichkeiten zu vergegenwärtigen [*présentifier*]. Aus diesem Grund schreibt mich jede theoretische Kategorie in eine Geschichte ein, in eine Genealogie, die mit den anderen theoretischen Kategorien, die mich in andere Geschichten, in andere Genealogien einschreiben, im Konflikt und in Konkurrenz steht. Zu sagen, dass ich mich auf dem Schnittpunkt verschiedener Temporalitäten oder verschiedener Identitäten verorte, wäre nicht genug, und es wäre auch nicht genau genug. Denn die Kristallisierung, aus der das »Ich« hervorgeht, ist immer fragil, provisorisch, zufällig und vor allem partiell. Das »Ich« wird von anderen »Ich« heimgesucht, die notwendigerweise aus der Gegenwart ausgeschlossen, ausgestrichen und vertrieben sind, die, wenn auch nur provisorisch, beiseitegelegt werden, damit ein »Ich« hervortreten und sich als solches bestimmen kann. Die Schnittstelle ist nie ein für alle Mal gegeben. Sie wird ohne Unterlass neu konstruiert und erfunden und es gilt zu betonen, dass sie »gegen« die früheren politischen Repräsentationen konstruiert wird, die allerdings deswegen nicht verschwinden.

Dieses Dilemma der Subjektivität, der Subjektformierung, lässt sich ebenso auf Gruppen und auf die Konstitution der politischen Wirklichkeit anwenden: Abgesehen von kurzlebigen Augenblicken sollte man nicht zu sehr auf die Übereinstimmung der verschiedenen politischen Kämpfe hoffen, auf Koalitionen, in denen sich die verschiedenen Gegenwarten vereinen. Oder besser: Wir sollten von jenen großen Momenten träumen, wie in Frankreich der Mai 1968 einer war. Wir sollten uns diese schönen Revolten vorstellen, die so viele Menschen in gemeinsamen Demonstrationen vereinen, in kollektiven und unitarischen Mobilisierungen... Doch wir sollten auch wissen, dass es meistens nur ein Traum ist. Und wir sollten wissen, dass dieser Traum, selbst wenn er sich verwirklicht, nur von kurzer Dauer sein kann. Denker wie Sartre und Foucault haben auf merkwürdig ähnliche Weise die Vorstellung zum Ausdruck gebracht, dass jeder Kampf Teil eines größeren Kampfes ist, dass er letzten Endes, um einen Begriff von Sartre aufzunehmen, ein Element einer immer offenen Totalisierung darstellt, die den einzelnen Elementen, den hier oder dort geführten Kämpfen, Sinn verleiht. Ich möchte diese Vorstellung wenigstens zum Teil annehmen. Doch ich glaube auch, dass sich das Spezifische niemals auf das Allgemeine oder das Totale reduzieren lässt. Es gibt eine fundamentale Inkohärenz der Politik. Man mag das bedauern. Doch ermöglicht nicht gerade die Summe all dieser Spannungen, all dieser divergierender Prozesse, indem sie die geschlossene Verallgemeinerung verunmöglicht, das Auftreten neuer Stimmen, neuer Ausdrücke, neuer politische Subjekte? Und erlaubt sie nicht der oppositionellen Politik und dem kritischen Denken, immer wieder neu anzusetzen?

2. Wer ist »Ich«? Über die Genese, den Einsatz und die Aufnahme von Selbstanalysen.[25]

I.

Über sich zu schreiben bedeutet, sich der unendlichen Aufgabe einer »Rückkehr« zu sich selbst zu verschreiben. Einen Text von Freud paraphrasierend, könnte man sagen, dass die Selbstanalyse niemals »abgeschlossen« ist, dass sie sogar im eigentlichen Sinne »unabschließbar« ist. Das mag zwar auch im Allgemeinen der Fall sein, es gilt aber insbesondere für die »Überläufer«, für die Exilierten und für alle Arten von Vertriebenen, denn ihre »Rückkehr« zu sich selbst, verstanden als geschichtliche und soziologische »Introspektion«, geht notwendigerweise mit einer wirklichen, physischen und geistigen Rückkehr in die Welt einher, in die sie hineingeboren wurden und mit der sie mehr oder weniger vollständig gebrochen haben.

Der Prozess der tatsächlichen Rückkehr (der Rückkehr zu den Anderen) ist schwer zu bewerkstelligen. Derjenige der reflexiven »Rückkehr« (der Rückkehr zu sich selbst) im Durchgang durch das Schreiben ist es nicht weniger. Vor allem dann nicht, wenn sich diese beiden Weisen der »Rückkehr«, die sich schon bald nicht mehr voneinander trennen lassen, weil die eine auf die andere

---

25 Erweiterte Version eines Vortrags, den ich im Rahmen des Kolloquiums *»Je« vous écrit. Écriture de soi et politique du récit* an der *École normale superieure* (ENS) am 20. September 2013 in Paris gehalten habe.

folgt und sie reproduziert, von einem traumatischen Ereignis initiiert wurden – nicht selten der Tod eines Elternteils: »Die fatale Nachricht am Telefon, / die jeden Mann reiferen Alters / einmal erreicht«, von der Dany Laferrière am Anfang seines Gesang-Gedichts spricht, in dem er das »Rätsel« einer Vergangenheit zu erkunden sucht, die wiederzufinden man sich verpflichtet fühlt, nachdem man jene Nachricht erhalten hat, die »die Nacht entzwei schneidet« und die den Beginn einer neuen geographischen, aber auch sozialen und kulturellen Reise markiert, die in entgegengesetzter Richtung zu derjenigen verläuft, zu der man einst aufgebrochen ist. Eine Nachricht, die jene »Unterströmungen« hervorruft, von denen Driss Chraïbi schreibt, dass sie »die Sinnlichkeit, die Einbildungskraft und das Gedächtnis an die Oberfläche treiben und nach außen stülpen. Mit bronzenen Türklopfern, die Raum und Zeit, die die Tore der Gegenwart und der Vergangenheit erschüttern« und in ihm die Zeit widerhallen lassen, in der er sich gegen seinen Vater aufgelehnt hat, bevor er vor ihm in ein anderes Land geflohen ist, um jemand anderes zu werden.[26]

Die physische und geistige Rückkehr ist tatsächlich schwer zu bewerkstelligen. Und sie ist verstörend. Im Grunde hat man aber keine Wahl: Wenn man zurückkehrt, dann weil man nicht anders kann. Noch schwerer fällt es aber, die Rückkehr zu schreiben: Denn man muss alles sagen, oder es zumindest versuchen. Nur wo anfan-

---

26 Dany Laferrière: *Das Rätsel der Rückkehr*. Übers. v. Beate Thill. Heidelberg 2013. S. 8. Driss Chraïbi: *Succession ouverte*. Paris 1999. S. 19.

gen? Und bis wohin gehen? Das Bedürfnis, die Gefühle und Gedanken, die in diesem Moment das Herz bedrängen und den Geist überwältigen, aufzuschreiben und zu sortieren, macht sich in diesen Momenten der Schwäche, der Ratlosigkeit und der Unsicherheit sehr bald bemerkbar. Ich habe es in *Rückkehr nach Reims* erzählt: Ich war zwar auf der Beerdigung meines Vaters nicht anwesend, habe aber am Tag darauf meine Mutter besucht. Und genau in diesem Moment, in dem ich nach Hause fuhr, auf der kurzen Zugstrecke zwischen Reims und Paris – also zwischen meinem Leben von damals und meinem Leben von heute, zwischen meiner Vergangenheit und meiner Gegenwart –, begann die so sorgfältig gezogene Grenze zwischen meinen beiden sozialen »Ich« zu verschwimmen und brüchig zu werden. Und als sich die evidente und zwingende Vorstellung ausbildete und aufdrängte, dass ich mich vor mir rechtfertigen muss und dass diese Rechtfertigung öffentlich sein muss, damit sie nicht nur um meiner selbst willen geschieht, sondern politisch (und für die politische Theorie) relevant und dadurch zum Gegenstand der Debatte und der Kritik wird und von allen, die sich in ihr auf die eine oder andere Weise wiedererkennen, auf ihren eigenen Wegen und für ihre eigenen Zwecke verwendet werden kann. Ich hoffte, einen sozio-analytischen Essay konstruieren und schreiben zu können, der den Leser_innen als Mittel zur Emanzipation dient.

Im Zug, im Flugzeug, in diesem scheinbar zeitlosen Zustand, in dem man nicht den Kopf zum Lesen hat – hier schlägt die Stunde der Abrechnung! Die Stunde, die einen zwingt, weit zurückzugehen: bis zur Kindheit, zur

Abreise, in die Ferne, ins Exil ... In *La Place* erfährt man von Annie Ernaux, dass sie sich ebenfalls in einem Zug befand, als es nach dem Begräbnis ihres Vaters bei ihr klick machte – ein plötzlicher klarer Blick auf sich selbst, der das vorzeichnete, was ihre literarische Geste werden sollte (und ihr die Kraft verleihen sollte, die man von ihr kennt): »Sonntags, auf der Rückfahrt im Zug, versuchte ich meinen Sohn zu unterhalten, um ihn zu beruhigen, denn die Reisenden der ersten Klasse mögen den Lärm von zappelnden Kindern nicht. Als es mich plötzlich mit aller Gewalt traf: ›Jetzt bin ich wirklich bürgerlich geworden‹ und ›Es ist zu spät‹. Später dann, im Sommer, als ich auf meine erste Stelle wartete: ›Ich werde all das erklären müssen‹. Ich wollte über meinen Vater sprechen und schreiben, über sein Leben und über diese Distanz, die in meiner Jugend zwischen uns entstanden ist. Eine Distanz ganz bestimmter Art, für die es keinen Namen gibt. Wie bei einer getrennten Liebe. Ich habe dann begonnen, einen Roman zu schreiben, in dem er die Hauptfigur war. Ein Gefühl von Ekel, inmitten der Erzählung.«[27]

Der Roman wurde ihr in dem Maße »unmöglich«, wie sie sich nicht berechtigt fühlte, in der »Verhandlung eines Lebens, das äußeren Zwängen unterworfen war«, wie es bei ihren Eltern der Fall war, »die Partei der Kunst zu ergreifen«. Woraus eine Verpflichtung entstand, eine neue Form und ein neues Schreiben zu erfinden, eine Zugangsweise und einen Ton zu finden, die in der Lage sind, jeglichen verfremdenden Effekt zu vermeiden.

---

27 Annie Ernaux: *La Place*. Paris 1986. S. 21.

»Unterhalb der Literatur schreiben«, wie sie sagt. Aus diesem Grund wollte sie ihr Buch auch *Éléments pour une ethnologie de la vie familiale* [dt. etwa: *Grundlagen für eine Ethnologie des Familienlebens*] nennen (man denkt sich immer, für sich selbst, um überhaupt schreiben zu können, komplizierte Titel aus, die das Projekt umreißen und von denen man weiß, dass man sie letzten Endes auf jeden Fall durch etwas Einfacheres ersetzen wird). Jedenfalls beharrt sie darauf, ihr Projekt so zu bestimmen: »insgesamt Ethnologin meiner selbst zu sein.«[28]

Auch ich habe in *Rückkehr nach Reims* versucht, eine ganz neue Form zu finden: eine Form, die man weder auf den literarischen Stil noch auf die soziologische Arbeit reduzieren kann, sondern die vielmehr beide Register vereint, ihre jeweiligen Kräfte mobilisiert, bündelt und potenziert (und die daher das Risiko eingeht, jene Anhänger einer strengen Trennung der Gebiete und der Disziplinen zu verwirren und vor den Kopf zu stoßen, die sich am Liebsten auf den gut gekennzeichneten und schon bekannten Pfaden einer soziologie- oder theoriefreien Literatur und einer von der Schrift befreiten Soziologie wiedergefunden hätten). Man täusche sich nicht: Ich will damit nicht behaupten, dass diese Weise die einzig legitime sei. Es gibt große literarische Werke, die sich selbst genügen und es gibt große soziologische oder theoretische Texte, die auf eine literarische Ausformung verzichten. Indem ich beide Seiten miteinander verband, habe ich versucht, die Selbsterkundung, die ich begonnen

---

28 Annie Ernaux: *La Honte*. Paris 1999. S. 40.

habe, ohne recht zu wissen, was aus ihr werden sollte, zu rekonstruieren und zu einem guten Abschluss zu bringen.

II.

Wenn der Prozess der »Rückkehr« schon schwer zu bewerkstelligen ist, so ist es vielleicht noch schwerer, ihn zu schreiben: Denn in diesem Fall muss man alles sagen, oder sich zumindest das Ziel setzen, alles zu sagen. Und dieser Versuch der Rekonstruktion, dem es darum geht, die verborgensten Schichten des sozialen Unbewussten zu Tage zu fördern, das Selbstverständliche im Register des Ungesagten, weil beinahe Unaussprechlichen – des »Unsagbaren«, wie Flaubert die »Familiengeheimnisse« genannt hat (eine Bezeichnung, auf die uns Sartre aufmerksam gemacht hat und die wir auf allgemeinere Weise verwenden können) – explizit zu machen, dieses Unternehmen der Selbstanalyse muss sich darum bemühen, all die komplexen Affekte, die aus der Vergangenheit stammen, all das, mit dem man sich in seiner alltäglichen Existenz mehr schlecht als recht arrangiert, immer eingehender zu beschreiben und aufzuklären.

In Bezug auf *Rückkehr nach Reims* hat man mir immer wieder gesagt: »Ihr Buch ist hart«, »Ihr Buch ist brutal«. Das ist richtig, und ich war mir dessen von Anfang an bewusst. Das Harte und Brutale ist aber die Gesellschaft selbst. Und ich habe nicht versucht, diese Brutalität der Gesellschaft zu verbergen oder zu verharmlosen. Ganz im Gegenteil: Ich habe versucht, sie aufzudecken, sie in ihren vielfachen Dimensionen offenzulegen. Mein Buch ist durch und durch politisch. Es ist in der gelebten Erfahrung verankert, in dem, was ich von ganz konkreten Existenzen weiß. In gewisser Weise dreht sich die *Rückkehr nach Reims* um die gesellschaftlichen Kämpfe und entwirft eine – natürlich nur partielle – Kartographie der Schlachtfelder. Das Buch befindet sich also selbst im Krieg. Es präsentiert die Gesellschaft als einen Raum von Konflikten und Konfrontationen und verwirft Durkheims – irenischen und verlogenen – Begriff einer möglichen oder auch nur wünschenswerten Integration des Ganzen in die Welt von allen anderen, in den Rahmen einer befriedeten politischen Ordnung unter dem Banner des »gesellschaftlichen Zusammenhalts«, der »gesellschaftlichen Bande«. Diese Rhetorik ist nichts anderes als eine Weise – durch eine Art magische Beschwörung, deren Zauberformel, die zu jeder Gelegenheit und in jedem Register rezitiert wird, in der Rede vom »Band«, von der »Gemeinschaft« und vom »Gemeinsamen« –, die Herrschaft, die Unterdrückung und die Ausbeutung (in ihrem mehrdimensionalen Charakter) zu verneinen. Ein Versuch, die aufbegehrenden und kämpfenden Bewegungen zu beenden, sie einzuspannen, damit sie die Welt so akzeptieren, wie sie ist und sich mit dem Platz begnügen, den sie in ihr einnehmen, und mit dem Status, der ihnen in ihr zugewiesen wird.

Die Klassenflüchtigen, all jene, die sich in den sozialen und kulturellen Räumen, die sie bewohnen, in einer Zwickmühle wiederfinden (und sie als solche empfinden), all jene – sozial, geographisch, kulturell usw. – »Deplatzierten«, befinden sich gewiss in der richtigen Position, um Licht auf das Räderwerk der Macht zu werfen. Und auf die Komplizenschaft (das Wort ist vielleicht unangemessen, weil es nahelegt, dass wir aus einer freien Wahl heraus dazu neigen, die Strukturen der Gesellschaftsordnung, in der wir leben, zu akzeptieren, zu bestätigen und zu erneuern! Wir sagen also lieber: auf die stillschweigende Verbundenheit, verankert in den Falten des von uns allen verinnerlichten sozialen Unbewussten) der Beherrschten mit der Herrschaft, mit den Herrschaftsstrukturen, deren Funktionieren und Fortbestehen wir in jedem Moment unseres Lebens auf die eine oder andere Weise sichern. Jene durch die »deplatzierte« Situation (durch die Tatsache, »deplatziert zu sein«) gezogenen »Grenzen im Ich« und die Misstöne, die sie mit sich bringen, werden zu mächtigen Antrieben für die Selbstanalyse und die Sozioanalyse. Und deswegen sind diese Überläufer verpflichtet, mit den anderen das zu teilen, was ihnen in Bezug auf sich selbst und auf andere zu erkennen erlaubt war.

Es geht also darum, eine diskursive Dissonanz zu erzeugen (oder besser gesagt wiederherzustellen), die sich in einer gewissen Nähe zu dem befindet, was Glissant als sein ›Hadern‹ mit der Geschichte bezeichnet hat – ein Hadern mit dem Ziel, diejenigen Stimmen zu Wort kommen zu lassen, die von der universellen Erzählung marginalisiert, niedergehalten und kolonisiert wurden. Und diesen Willen, mit der Geschichte zu ›hadern‹, findet man bei allen Schriftsteller_innen und Denker_innen unterdrückter Völker. Bei Mahmoud Darwich beispielsweise, der verkündet: »Wir, die palästinensischen Dichter, sind bestürzt, weil wir in einem Augenblick der Geschichte leben, wo es scheint, als seien wir der Vergangenheit beraubt.« Und er verkündet, dass er der »trojanische

Dichter« sein will: »Ich stehe entschlossen auf der Seite der Verlierer, die man des Rechts beraubt hat, auch nur eine Spur ihrer Niederlage zurückzulassen, des Rechts, ihre Niederlage zu verkünden. Es drängt mich, von dieser Niederlage zu erzählen, aber es handelt sich dabei nicht um eine Preisgabe.« Und weiter: »Es ist wahr: Die Mächtigen schreiben die Geschichte. [...] Unsere Vergangenheit ist [...] zum Eigentum des Anderen geworden«. Daher auch sein Appell an ein »geschriebenes Palästina«. Auf eine Frage nach seinem autobiographischen Gedicht *Warum hast du das Pferd seiner Einsamkeit überlassen?* antwortet er, dass er versucht hat, »drei Erzählungen miteinander zu verschmelzen: eine Autobiographie, eine Biographie des Ortes und seiner Geschichte und die Geschichte einer poetischen Kultur.«[29]

Palästina schreiben, die Antillen schreiben ... die Liste all jener, deren Leben und Geschichte, deren Gegenwart und Vergangenheit, deren Existenz und Leiden geschrieben werden mussten und die jetzt und in Zukunft geschrieben werden müssen, ließe sich endlos fortsetzen ... Literarische Form oder theoretische Reflexion – es zeigt sich bereits, dass sich diese beiden Register bei den von mir erwähnten Autor_innen, die allesamt ihre Analysen sowohl in Essays oder autobiographischen Texten als auch in Romanen oder Gedichten thematisiert haben, nicht so ohne weiteres trennen lassen. Das gilt freilich für Césaire, Glissant, Condé, Chamoiseau, ebenso gut aber

29 Mahmoud Darwisch: *Palästina als Metapher. Gespräche über Literatur und Politik*. Übers. v. Michael Schiffmann. Heidelberg 1998. S. 40f., 175, 123.

für Zora Neale Hurston, James Baldwin, Mahmoud Darwich oder Toni Morrison usw., wo man dieselbe Notwendigkeit antrifft, das auszusprechen, was man ist, sich mit allen zur Verfügung stehenden Mitteln über die Gruppe, den Ort und den Moment, in den man eingeschrieben ist, Rechenschaft abzulegen. Es geht darum, den Gesten des Widerstands Raum zu geben, ganz gleich wie schwach, wie zögerlich oder wie verschwindend sie sein mögen, ganz gleich wie bedroht durch Gewalt und Repression. Es geht darum, der Abwesenheit von Widerstand, der Unmöglichkeit des Aufbegehrens und den zur Resignation Verdammten Raum zu geben. Es geht aber auch darum, den Blick auf die Welt zu verändern, die vorherrschenden Wahrnehmungsmuster zu verändern und dadurch neue Formen des Widerstands hervorzubringen oder zu begünstigen.

III.

Um die Gewalt schreiben zu können, muss man über ihre – ökonomischen und kulturellen – Mittel verfügen. Und wie man weiß, sind sie nicht allen gegeben. Und ebenso weiß man, dass der Wille, mit der Evidenz der *doxa* zu brechen, oft auf den hartnäckigen Widerstand seitens eines großen Teils der unterdrückten Gruppe trifft, deren Unterdrückung man aufzeigen wollte (damit sie aktiv werden, damit sie als Mitglieder einer Gruppe handeln können). Wer schon einmal Teil einer sozialen oder politischen Bewegung war, kennt diese Erfahrung: Es ist fast immer eine Minderheit, die im Namen all derer, die unter eine unterdrückte Kategorie fallen, aktiv wird, und diese

Minderheit sieht sich fast immer mit der Gleichgültigkeit oder sogar der Feindseligkeit seitens der Mehrheit der anderen Mitglieder konfrontiert, die diese Kategorie für sich in Anspruch nehmen könnten – oder von der gesellschaftlichen und diskursiven Ordnung so verstanden werden. Dafür ließen sich tausende Beispiele finden, etwa die Feministinnen, die sich über die »entfremdeten Frauen« lustig machen und zugleich von vielen Frauen abgewiesen werden – nämlich von jenen, die sich immer wieder sagen: »Ich bin keine Feministin« und die keinen Wert darauf legen, dass sich die Dinge ändern; die aktivistischen Schwulen, die auf die »schamhaften Homosexuellen« schimpfen und bei der Mehrheit der Schwulen und Lesben eine Abwehrreaktion hervorrufen, da sie sich weder mit ihnen noch mit ihren Kämpfen verbunden fühlen. »Homosexuelle, hört auf, euch klein zu machen«, war einer der Slogans des *Front homosexuelle d'action révolutionnaire* zu Beginn der 70er Jahre. Für diejenigen, die sich weiterhin »versteckten«, hatten sie nichts als Verachtung übrig – wobei letztere sie umgekehrt auch verabscheuten und sich vor den Folgen ihres »Geschreis« fürchteten. Die organisierten Arbeiter_innen, die die »Streikbrecher« verachten, die auf der »Seite der Bosse« stehen, usw. usf.

Abdelmalek Sayad hat ein sehr bestechendes Bild von der Politik gezeichnet, die von vielen Immigrant_innen verfolgt wird, weil sie stets darauf bedacht sind, keine Umstände zu machen, keine Aufmerksamkeit zu erregen – eine Strategie, die er als »Höflichkeit« oder als »Politesse« bezeichnet. Der »Politesse« stellt er die »Politik« gegenüber, den Willen, seine Stimme vernehmbar zu machen, sich nicht mehr auf den Status eines Objekts für andere reduzieren zu lassen, sondern zum Subjekt seiner eigenen Entscheidungen zu werden.

Die Gegenüberstellung der Existenzweisen der »Politesse« und der »Politik« steht im Zentrum einer Reihe von großen Texte über die algerischen oder maghrebinischen Immigrant_innen während der 60er, 70er und 80er Jahre.[30] Gewiss, die »Politesse« im Sinne der Diskretion, von der hier die Rede ist, hängt vor allem mit der Angst vor den Konsequenzen zusammen, die schon das geringste gewerkschaftliche oder politische Engagement nach sich ziehen könnte (arbeitslos, ja vielleicht sogar abgeschoben zu werden ...). Daraus lässt sich aber nichtsdestoweniger eine allgemeinere Matrix für eine Analyse entnehmen, in der »Politik« und »Politesse« die zwei Pole des Weltbezugs der Unterdrückten darstellen, natürlich mit all den Haltungen, die dazwischen liegen und den individuellen Variationen: die temporären oder dauerhaften Übergänge von der Zurückgezogenheit zur Aktivität und umgekehrt.

Bisweilen beklagen die Engagierten aber bei denen, für die sie sich engagieren, weitaus mehr als die bloße »Politesse« (im Sinne von Zurückhaltung oder Diskretion): Sie beklagen auch die Teilhabe, ja das aktive Mitwirken an der Unterdrückung, von der sie betroffen sind. Louise Weiss erzählt in ihren *Mémoires*, dass während der 1920er und 30er Jahre, zu der Zeit also, in der sie für

30 Vgl. beispielsweise Abdelmalek Sayad: »Exister, c'est exister politiquement.« In: *L'immigration ou les paradoxes de l'alterité*. Bd. II: *Les Enfants illégitimes*. Paris 2006. S. 33-44.

das Frauenwahlrecht kämpfte, die allermeisten Frauen aus allen Milieus sie regelrecht für wahnsinnig hielten, weil sie Rechte einforderte, die so gut wie niemand wollte: weder die Männer noch die Frauen.[31] Es lohnt sich, das Gedicht *Black Label* von Léon Gontran Damas aus dieser Perspektive neu zu lesen. Es enthält einen schweren Vorwurf gegenüber den Schwarzen, die sich in seinen Augen der Überlegenheit der Weißen unterwerfen, sich ihren Werten unterwerfen und versuchen, ihnen zu gleichen:

> Und jene
> Die wir meinen
> Die wimmern vor Wut und Scham
> Auf den Antillen geboren zu sein
> Auf Guayana geboren zu sein
> Irgendwo anders geboren zu sein als am Ufer
> Der Seine oder der Rhone
> Oder der Themse
> Der Donau oder des Rheins
> Oder der Wolga
> […]
> Die sich keine Seele zugestehen
> Die sich verachten
> Die für sich und die ihren nichts anderes
> Als Scham und Niedertracht übrig haben
> […]
> Deren unverrückbar sklavische Haltung

---

31 Vgl. zu diesem Punkt: Christine Bard: *Les Filles de Marianne. Histoire des féminismes. 1914-1940*. Paris 1995.

Eine Beleidigung der alten und edlen Weisheit
Ihrer eigenen Vorfahren.

Weil er sich isoliert fühlt, muss Damas sein Klagelied anstimmen, um seine »Einsamkeit«, seine »Unruhe«, seine »Ermüdung«, ja sogar seine »Tristheit«, seine »Hilflosigkeit« und selbst sein »Entsetzen« zu verkünden. Es bleibt ihm nichts anderes übrig als denselben Whisky zu trinken und dieselbe Verbitterung gegenüber denen zu spüren, die den Kampf der Schwarzen aufgegeben haben, seinen Kampf, von dem er denkt, dass er auch der ihre sein sollte:

Black Label trinken
Um nichts zu verändern
Black Label trinken
Wozu auch verändern.[32]

IV.

Zurück zur Sache, zu der reservierten Aufnahme, die ein Buch bei denen findet, die, ob sie es wollen oder nicht, seine Figuren oder Protagonist_innen sind. Es gilt zu betonen, dass man, indem man die Gewalt der Gesellschaft so beschreibt, wie man sie wahrnimmt und wie man sie analysiert, zugleich selbst eine gewisse Form von Gewalt gegenüber den Anderen ausübt, die, ohne es zu wollen, in dem, was man geschrieben hat, mitenthalten

32 Vgl.: Léon Gontran Damas: *Black-Label et autres poèmes*. Paris 2011. S. 15-18.

sind und die – was sich von selbst versteht, denn sonst gäbe es nichts zu entdecken und nichts zu erklären – die Welt auf eine andere als die ihnen präsentierte Weise sehen und ihre Erfahrungen in der Welt auf eine andere als die geschilderte Weise erleben. Annie Ernaux etwa erinnert an das, was ihre Mutter durchmachen musste, als sie ihren ersten veröffentlichten Text las: »Auf sehr intelligente, zugleich aber gegenüber der Gewalt, die ich ihr antat – denn dieses Buch brachte ihr viel Leid –, sehr unterwürfige Weise spielte sie das Spiel mit und tat so, als ob alles erfunden wäre.«[33] Der Hinweis »Roman«, der sich bei Gallimard in kleinen Lettern auf dem Cover unter dem Titel *Les Armoires vides* findet, erlaubte ihrer Mutter, das anzunehmen, was sie nicht annehmen konnte – oder zumindest sich selbst davon zu überzeugen. Mit *Rückkehr nach Reims* verhielt es sich anders. Mein Buch ist nicht als Roman aufgetreten, sondern präsentierte sich vielmehr ausdrücklich als soziologisches und theoretisch-kritisches Werk, das auf einer »autobiographischen« Erzählung fußt und dessen »Figuren« nichts Fiktives an sich haben. Meine Mutter, meine Brüder und meine restliche Familie hatten nicht die Möglichkeit »so zu tun als ob«. Das Buch musste ebenso von ihnen handeln, wie es von mir handelte, weil ich beschreiben wollte, was es konkret bedeutet, einer Klasse, in diesem Fall der Arbeiterklasse, anzugehören, oder ihr angehört zu haben, und welche Auswirkungen diese Zugehörigkeit auf das weitere Leben der Individuen hat, auf die Beziehungen, die

---

33 Annie Ernaux: *L'Écriture comme un couteau. Entretiens avec Frédéric Yves Jeannet.* Paris 2003. S. 27.

sie trotz dieser Auswirkungen unterhalten, die sie trotz allem, was sie voneinander trennt, miteinander unterhalten.

Ich habe sie während des gesamten Prozesses der Entstehung und der Redaktion befragt: Schon damals, noch bevor ich die Idee hatte, ein Buch daraus zu machen, hat meine Mutter die Fragen, die ich ihr während mehrerer Gespräche kurz vor dem Tod meines Vaters, der schon lange krank war und den sie in einem Heim für Alzheimerpatient_innen untergebracht hatte, mit einer fiebrigen Intensität beantwortet. Vor allem aber hatte sie sich nach seiner Beisetzung, als ich bereits zu schreiben begonnen hatte, in den Kopf gesetzt, mir in allen Einzelheiten von seinem und von ihrem gemeinsamen Leben zu erzählen. Viele Seiten wären ohne die Informationen, die sie mir endlich mitteilte (und deren Mitteilung sie zu erleichtern schien), nicht ans Licht gekommen und ihre Stimme, ihre Worte und ihre Tränen lassen sich bis zur letzten Seite in fast allen Kapiteln vernehmen. Auch meine Brüder hatten sich ohne allzu große Widerstände auf das Spiel der Interviews und der über E-Mails ausgetauschten Fragen und Antworten eingelassen. Mir war aber durchaus bewusst, dass das Ergebnis ihnen und meiner Mutter nur missfallen konnte und dass sie rebellieren würden gegen das, was ihnen als brutaler Eingriff in ihr Leben erscheinen musste: in ihre Vergangenheit und in ihre Geschichte, aber zugleich auch in ihre Gegenwart.

Ich hatte sogar, am Ende eines langen Vorworts, in dem ich das Vorhaben des Buches skizziere, einige Zeilen angehängt, mit denen ich mich bei ihnen entschuldigen wollte. Als ich im Begriff war, meinem Verleger den Text zu schicken, entschied ich mich jedoch, auf dieses erklärende Vorgeplänkel, das die theoretischen und politischen Intentionen meines Vorgehens erklärt, zu verzichten. Als ich sie erneut las, schienen mir diese allgemeinen Überlegungen zur Selbstanalyse, zu den gesellschaftlichen Klassen und zur Philosophie der Subjektivität allzu sehr wie ein letzter Versuch, jene Brutalität meines Buches abzufedern, die mir nun ganz klar vor Augen geführt wurde und die anzunehmen mir ausgesprochen schwerfiel. Auch den Untertitel *Eine politische Theorie des Subjekts*, der dieselbe Funktion hatte, ließ ich beiseite. Mit diesen Schutzmaßnahmen verschwand auch die an meine Familie adressierte Anmerkung. Ob sie irgendeinen Nutzen gehabt hätte? Ich wage es zu bezweifeln.

Ich habe sie allerdings nicht gelöscht:

Ich danke meiner Mutter und meinen Brüdern dafür, meine Fragen beantwortet zu haben. Und dafür, dass sie mir erlaubt haben, ihre Antworten für mein Buch zu verwenden, von dem sie schon, als sie mit mir sprachen, gewusst haben, dass es ihnen missfallen könnte. Dass es sie vielleicht sogar verletzen könnte. Sollte das der Fall sein, möchte ich mich bei ihnen entschuldigen. Meine Intention war eine andere: zu verstehen, wer ich bin, wer sie sind, wer wir sind, indem ich zeige, wie wir wurden, was wir sind, und welchen Zwängen wir unterworfen waren.

Fraglos bin ich nicht der erste, der es festgestellt hat: Wer verlassen wurde, empfängt den Abtrünnigen gewiss nicht mit offenen Armen, nur weil er beschlossen hat zurückzukehren. Driss Chraïbi hat das in mehreren

Romanen betont. Wer zurückkehrt, setzt sich dem Groll derjenigen aus, denen er wiederbegegnet und die – meistens zurecht – denken, dass sie oder er mit ihnen gebrochen hat, um nicht mit ihnen in Verbindung gebracht zu werden. Zu denjenigen zurückzukehren, mit denen man auf keinen Fall in Verbindung gebracht werden wollte, ist sicherlich keine einfache Geste. Und das Schreiben potenziert das Unbehagen noch.

Als mein kleines Buch erschien, war meine Mutter weniger »unterwürfig« als die Mutter von Annie Ernaux. Sie fühlte sich angegriffen und versuchte nicht, es zu verbergen: Sie begehrte auf, ja, sie tobte. Die einheitliche Form verlieh den einzelnen Teilen der Rede meiner Mutter einen neuen Sinn, in dem sie sich nicht wiedererkannte. Was hatte sie erwartet? Ich weiß es nicht. Jedenfalls nicht das, so viel ist sicher. (»Ja, aber das habe ich nicht erwartet«, lautete ihre Antwort, als ich sie darauf hinwies, dass ein guter Teil des Materials für das Buch von ihr stammt.) Sie hatte mir einmal – mein Projekt steckte noch in seinen ersten Anfängen – als sie von einem ihrer langen Berichte abschweifte, in denen sie ihr Leben erzählte, gesagt: »Weiß du, mein Leben ist ein echter Roman. Wenn ich schreiben könnte, würde ich aus all dem ein Buch machen«. Und leichtsinnig wie ich war – ich hielt mich wohl für freundlich – antwortete ich: »Aber das werde ich doch machen, das Buch.« Und so dachte sie, aufrichtig und naiv, dass das, was ich schreiben wollte, einfach ihre Geschichte und die Geschichte ihrer Familie wiedergeben würde, und sie machte sich daran, allen Leuten, denen sie begegnete oder mit denen sie telefonierte, zu verkünden, dass ich »gerade ein Buch schreibe, das die Geschichte unserer Familie erzählt«.

Ihr erster Einwand war: »Alles in deinem Buch ist falsch.« Ich wagte zu antworten: »Nein, alles ist wahr.« Doch davon ließ sie sich nicht abschrecken: »Vielleicht, aber du hättest es nicht erzählen müssen.« Richard Hoggart berichtet von identischen Reaktionen auf die Veröffentlichung des ersten Bandes seiner Autobiographie. Seinen Tanten, die ihn aufgezogen haben, schien es unpassend und skandalös, dass er öffentlich über Dinge sprach, die in ihren Augen das Privatleben und die Intimsphäre der Familie betrafen und die an die große Glocke zu hängen ihnen ganz undenkbar schien.[34]

Das Bild, das ich meiner Mutter gespiegelt hatte, erschien ihr verzerrend, vor allem aber entwürdigend. In

---

34 Und genau deswegen stolpern naive und böswillige Journalist_innen, die die Wahrheit über das, was in einem Roman oder einem Bericht erzählt wird, herausfinden wollen, immer wieder über den einfachen Sachverhalt, dass der Standpunkt der Person, die schreibt, so gut wie nie mit dem Standpunkt der Personen, über die geschrieben wird, zusammenfällt; und dass letzteren daran gelegen ist, das, was die Autor_in geschrieben hat, zurückzuweisen und dass sie Geschichten erfinden werden, um das zu widerlegen, was sie als gegen sich gerichtete Aggression empfinden. Das ändert aber nichts daran, dass das, was einem im Roman oder in der Erzählung begegnet, der Wahrheit (wenn man darunter eine faktische Wahrheit versteht) unendlich näher ist, als das, was man in den Presseartikeln oder in den Fernsehsendungen findet, die immer vorgeben, im Rahmen einer demystifizierenden »Untersuchung«, die »Lügenmärchen« und die Verfälschungen der Autor_in ans Licht zu bringen. Das Ergebnis dieser journalistischen Arbeit ist in diesem Fall nichts anderes als die Verbreitung von falschen und verzerrten Informationen, die von ihren Interviewpartner_innen zur Verfügung gestellt wurden.

meinem Buch habe ich lang und breit erklärt, dass ich meinem ursprünglichen Milieu entflohen bin und dass ich die längste Zeit, bis zum heutigen Tag, sobald ich in anderen Welten heimisch geworden bin, jene Scham, aus ihm hervorgegangen zu sein, fast wie ein schändliches Geheimnis in mir getragen habe. Das Milieu war also schuld! Wie konnte sie davon nicht verletzt sein? Ich hörte die Wut in ihrer Stimme und ich hörte auch die Traurigkeit: »Du hast mit uns gebrochen? Du hast dich für uns geschämt?«

Mehr noch als in dem, was für sie eine unerwartete Erkenntnis zu sein schien – ich kann mir vorstellen, was für einen Schock es in ihr ausgelöst hat, obwohl es mir schwerfällt zu glauben, dass sie es nie begriffen hatte, dass sie es nicht einmal wenigstens vermutet hatte – rührte die tiefe Verletzung, wie ich im Verlauf der folgenden Diskussionen bemerkte, in Wahrheit daher, dass ich die relative Armut, in der wir während meiner Kindheit lebten, zur Sprache brachte. Sie reagierte so, als hätte ich sie und meinen Vater für unsere damalige Mittellosigkeit verantwortlich machen wollen. Sie wollte das Bild, das ich gezeichnet hatte, für falsch erklären: »Dein Vater und ich haben hart gearbeitet, um euch durchzubringen... Ihr hattet immer etwas zu essen.« In meinem Buch war von Scham die Rede, von meiner Scham, in eine derart mittellose Umgebung hineingeboren zu sein. Dem setzte sie einen Stolz entgegen: ihren Stolz, das Leben gemeistert zu haben, schwierige Situationen überlebt zu haben. Ich erinnerte mich an die Armut, während sie mir die alltäglichen Kämpfe in Erinnerung rief, den Versuch, trotz allem »über die Runden zu kommen«.

Es war tatsächlich so: Während ich versuchte, die Lebensbedingungen der Arbeiterklasse in den 50er und 60er Jahren sichtbar zu machen (indem ich die verborgene und sehr dunkle Seite der »goldenen« Nachkriegsjahre aufzeigte – ein echter Mythos, der von den bürgerlichen Ökonomen konstruiert wurde), versuchte meine Mutter diese Zeit zu vergessen, weil sie und mein Vater inzwischen einen Status erlangt hatten, der für sie eindeutig einen Aufstieg darstellte. Durch ihre Arbeit und Opferbereitschaft konnten sie das Lebensniveau hinter sich lassen, das ihnen seit den frühesten Anfängen, in ihrer Kindheit, ihrer Jugend und bis ins Erwachsenenalter vorgezeichnet war, ohne Hoffnung auf Besserung. Und so konnte es kommen, dass sie von einer Selbstwahrnehmung als Leute, die nicht viel besitzen (die »Leute wie wir« auf die ihre Sätze so oft Bezug nahmen, oder jenes »man«, das die Leute bezeichnete, die immer enteignet bleiben, immer hintergangen und betrogen werden, die immer verlieren), zu einer anderen Selbstwahrnehmung überging. Zu einer Selbstwahrnehmung, von der man nicht einmal sagen kann, dass sie »widersprüchlich« sei. Sie ist vielmehr von einem diskursiven Prinzip beherrscht, das den Satz vom zu vermeidenden Widerspruch nicht kennt (eine Art Nicht-Prinzip des Nicht-Widerspruchs), denn sie folgt der unbeständigen Regel der Positionalität: Alles hängt davon ab, wer spricht und zu wem, wovon und unter welchen Umständen. Eine Selbstwahrnehmung, in der sie nicht mehr zu der Welt derjenigen Leute gehörte, die nichts hatten, die also noch weniger hatten als sie. Sicher, »man war nicht reich«, aber, wie sie mir bestimmt fünfzigmal innerhalb weniger Tage versicherte, »deshalb war man noch lange kein Bettler.«

Jede Soziologie, die meint, sich damit begnügen zu können (oder zu müssen), die »Rede der Akteure« nur aufzuzeichnen und ihr nur Form zu geben (als ob eine solche Intervention in die Sprache der anderen neutral sein könnte und nicht von den geistigen und deswegen sozialen, aber nicht als solchen analysierten Strukturen beherrscht), eine jede solche Soziologie übersieht eine fundamentale Eigenschaft der aufgezeichneten Äußerungen: Sie verfügen über keine – spontane oder reflektierte – Kohärenz. Sie können nicht als Formulierung eines kohärenten Standpunkts gelesen werden. Sie sind vielmehr Ausdruck von Gefühlen oder Vorstellungen zu einem gegebenen Zeitpunkt, die sich am nächsten Tag, ja selbst in einer Stunde und in einer Minute ändern werden. Wenn man meint, die »Rede der Akteure« ohne theoretischen Filter, so wie sie der Forscher_in begegnet, aufzeichnen und wiedergeben zu können (und dabei vergisst, dass die Antworten in hohem Maße von der Interviewsituation abhängen und von ihr bestimmt werden und dass zudem die Formung und Ordnung der Antworten einen theoretischen, supplementären Eingriff darstellt, der, indem er sich als solcher verkennt oder verneint, zu einer bloßen Manipulation dessen wird, was gesagt und aufgezeichnet wurde), dann konstruiert man ein Artefakt, dem nichts anderes entspricht als die ideologischen Erwartungen gewisser Akademiker_innen oder die sozialen – populistischen – Phantasmen, in denen ihr Klassenethnozentrismus schwelgt, der darin besteht, zu glauben (und glauben zu machen), dass jedes Individuum so denkt wie ein_e Professor_in oder ein_e Forscher_in (was die »scholastische Verzerrung« hervorbringt, die Pierre Bourdieu am Anfang seiner *Meditationen* so treffend analysiert hat).

In den 60er Jahren machte sich Sartre über die kommunistischen Philosophen lustig, die sich darin gefielen, Arbeiter (des Begriffs) zu sein, wie sie immer wieder betonten. Heute ist das Gegenteil der Fall: Die populistischen Intellektuellen verwandeln die Arbeiter_innen in Philosoph_innen. Im Namen einer allgemeinen demokratischen Gleichheit oder eines ›Kritikvermögens‹, die als etwas Gegebenes, anstatt als zu erreichende Ziele, vorausgesetzt werden, im Namen einer Emanzipation, von der man sich dann um so mehr wundern kann, dass sie im Universum der Bücher und der Seminarräume eingeschlossen bleibt und nie das Risiko eingeht, von der Wirklichkeit widerlegt zu werden, die von diesem ebenso sterilen wie sterilisierenden und zutiefst konservativen Idealismus immer verneint wird, versucht man in jedermanns Kopf eine Prototheorie zu verpflanzen. Weil man dabei nicht anerkennen will, dass die kulturelle Enteignung negative Affekte hervorbringen kann, verbaut man sich zugleich den Zugang zu dem, was diese negativen Affekte in der wirklichen sozialen Welt hervorbringen: eine Wirklichkeit, die von den Illusionen und Mythologien, die man auf absurde Weise aufrecht erhalten hat, sehr weit entfernt sein kann.

Um zu verstehen, was die Rede dieser oder jener Person sagen will, gilt es nicht nur, ihr in ihrem Verlauf zuzuhören, sondern auch, sie mit der Situation, in der sie hervorgebracht wird, in Beziehung zu setzen – ebenso wie mit den (vergangenen oder gegenwärtigen) Situationen, auf die sie sich bezieht und nicht zuletzt, wie sich versteht, mit den geschichtlichen und gesellschaftlichen Strukturen, in denen sie Sinn und Bedeutung gewinnt. Die Wahrheit der Rede – also das, was sie sagt, und das, was sie sagt, indem sie etwas anderes sagt, und auch das, was sie nicht sagt und was vielleicht am wichtigsten ist… –, diese Wahrheit kommt nur dann zum Vorschein, wenn man die Rede, ausgehend von einer theoretischen Analyse in die Struktur, in die geschichtlichen und gesellschaftlichen Rahmenbedingungen, die in der Rede zum Ausdruck kommen, zurückübersetzt. Das Wirkliche ist immer das, was es wiederzuerlangen gilt. Wenn man sich damit begnügt zu »beobachten«, dann läuft man Gefahr, nichts zu sehen und nichts zu verstehen.[35]

V.

Die Reaktion meiner Brüder war anfangs dieselbe wie die meiner Mutter: Sie fühlten sich missverstanden, weil ich ihren frühzeitigen Austritt aus dem Schulsystem erwähnte, obwohl es mir nur darum ging, das gesellschaftliche Gesetz zu beschreiben, das das Schulsystem in Frankreich (wie auch überall sonst) bestimmt, genauer gesagt, die systematische und unerbittliche Aussortierung der Arbeiterkinder oder ihre nicht minder systematische und unerbittliche Abschiebung in weniger anerkannte

---

35 Zu dieser Frage sei vor allem auf ein Werk von Geoffroy de Lagasnerie verwiesen: *Juger. L'État pénal face à la sociologie*. Paris 2016. Und ebenso auf: Pierre Bourdieu: *Sociologie générale. Cours au Collège de France. 1982-1985*. Paris 2016.

Schulzweige. Noch missverstandener fühlten sie sich, als ich die Berufe, denen sie heute nachgehen, mit den Berufen unserer Eltern und Großeltern in Beziehung setzte, um zu zeigen, dass die soziale Mobilität, sofern sie existiert, und sie existiert zumindest im unmittelbaren Sinn des Wortes zweifellos, schon zu Beginn des Werdegangs bestimmt, begrenzt und vorgezeichnet ist. Das galt auch für mich! Denn es gilt für jeden: muss man daran erinnern, dass der Determinismus, den ich hier beschreibe für alle Klassen gilt und dass die schulischen »Schicksale« der Unterdrücker ebenso vorherbestimmt sind wie diejenigen der Unterdrückten? Und darin lag der ganze Sinn meines Buches beschlossen: Es war sein Ausgangs- und Endpunkt!

Alles, was ich bin, lässt sich aus meiner Herkunft erklären. Die Gegenwart jeder und jedes einzelnen enthält die eigene Vergangenheit, das versteht sich von selbst – auch dann, wenn man mit der eigenen Vergangenheit gebrochen hat. Man ist aber im hohen Maße auf eine andere, noch tiefer greifende Weise von der eigenen Vergangenheit bestimmt: durch die Möglichkeiten, die man verschlossen oder offengelassen hat, durch die subjektiven Aspirationen oder durch die objektiven Gelegenheiten, die dazu geführt haben, diese oder jene von allen wünschbaren oder denkbaren Entscheidungen zu treffen, deren Effekte lang anhalten und das später Wünschbare oder Denkbare einschränken usw. Selbst wenn die subjektiven Aspirationen sich verschieben, so werden sie doch häufig von den objektiven Möglichkeiten blockiert (ich musste beispielsweise, um studieren zu können, als Nachtwächter in einem Hotel arbeiten, und schließlich musste ich darauf verzichten, eine Doktorarbeit zu schreiben, weil mir die ökonomischen Mittel dazu fehlten). Das bedeutet, dass die Zwänge die »Freiheit« einschließen, indem sie vor, während und nach der Zeit der Entscheidung auf sie einwirken, und zwar jedes Mal, wenn eine Entscheidung zustande kommt. Man könnte auch sagen, dass die Gegenwart, ganz unabhängig davon, welche Richtung der eigene Werdegang genommen hat, in hohem Maße von der Vergangenheit geprägt ist. Wenn eine Veränderung stattfindet, dann folgt sie immer einem vorgezeichneten Weg, mit Leitplanken und Verkehrsschildern und die »Freiheit« und die »Entscheidungen«, die man trifft, sind immer von den mächtigsten und zugleich am wenigsten bemerkten und anerkannten Einflüssen beherrscht oder zumindest gezeichnet (wenn es beispielsweise um den Zugang zu den verschiedenen Arten von Schulen und Hochschulen geht – und, früher noch, um die eigene Beziehung zu Schule und Universität und daher um den Zugang zu den Berufen im Allgemeinen...).

Meine Brüder glaubten, dass ich auf sie herabsah und über sie urteilte: Sie nahmen die Ergebnisse der soziologischen Analyse und des politischen Protests als eine Reihe von persönlichen und herablassenden Kommentaren. Das hat mich zweifellos verunsichert. Ich habe von ihnen – und von mir – gesprochen, um ausgehend von unseren konkreten persönlichen Erfahrungen zu versuchen, die Macht der kollektiven Determinismen zu begreifen, die unsere Leben und unsere Werdegänge ausrichten. Sie haben das Gegenteil empfunden: Offensichtlich beschäftigte sie nicht das, was ich über die geschichtlichen Strukturen und die sozialen Gesetze, sondern das, was ich über sie als Personen gesagt habe (sie lesen nie theoretische oder soziologische Bücher und sie konnten meine Buch deswegen auch nicht wie ein soziologisches und theoretisches Buch lesen, sondern einfach nur wie ein Buch, das von ihnen handelt, jedenfalls haben sie wahrscheinlich nur die Seiten gelesen, die sie betrafen, wie einer von ihnen mir gegenüber viel später zugab, als ich auf seine Vorhaltungen – wir mussten telefonieren, als meine Mutter ins Krankenhaus eingeliefert worden war, und wir sprachen zum ersten Mal seit *Rückkehr nach Reims* erschienen war – mit dem Hinweis antwortete, dass er das, was ich geschrieben habe, schlecht gelesen oder schlecht interpretiert hat). Ich habe sie im gesellschaftlichen Raum und somit in der gesellschaftlichen Hierarchie verortet. Das ist nicht immer angenehm: Es entspricht nicht der Weise, wie sie sich selbst verstehen. Ein Standpunkt ist immer verortet, aber er erfährt sich nicht immer als verortet (oder er kann sich zugleich so erfahren und es verneinen, gemäß dem oben erwähnten »Grundsatz des Widerspruchs«) und er bemüht sich offensichtlich, einem Diskurs zu entkommen, der vorgibt, so etwas wie einer objektiven Wahrheit über die eingenommenen Positionen und der Selbstwahrnehmung derjenigen, die diese Positionen einnehmen, gerecht zu werden.

Und so begehrten die, deren Leben ich durchkämmte, gegen diese Darstellung auf. Ein anderer meiner Brüder ging sogar so weit, mir mit einem Prozess wegen »Verleumdung der Familie« zu drohen, was einen befreundeten Anwalt, den ich fragte, ob seine Drohung irgendeiner Rechtssache entspreche, nur mit den Schultern zucken ließ (»Auf keinen Fall!« antwortet er mir, doch es beunruhigte mich nichtsdestoweniger: Dass mein Bruder sich mit der ganzen »Familie« »verleumdet« fühlte und dass er es in Betracht gezogen hatte, bis vor Gericht zu ziehen, hat mich in einen Abgrund aus Ratlosigkeit gestürzt, fast schon in Schuldgefühle). »Das ist alles Blödsinn« hat mich einer meiner Cousins in einer Nachricht wissen lassen, die ich einige Tage später erhalten hatte. Er verstand nicht, wie ich erzählen konnte, dass ich mich, und zwar nicht nur während meiner Jugend, sondern auch noch viel später, dafür schämte, dass einer meiner Brüder Metzger war... weil er auch selbst Metzger gewesen war und sich nie dafür geschämt hat, ganz im Gegenteil! Er fuhr fort: »Arbeitslose, Alkoholiker, Krebsgeschwüre... so beschreibst du unsere Familie!« Nein, gerade so beschrieb ich unsere Familie nicht. Aber die Arbeitslosigkeit, der verheerende Tabak- und Alkoholkonsum, die Krebserkrankungen, die für die frühzeitigen Tode verantwortlich waren... all das war Teil der Welt, die ich kennengelernt habe und die ich erklären wollte (man könnte sich hier auch über das wundern, was man »Familienbande« nennt: Jemand, den ich das letzte Mal vor dreißig Jahren gesehen habe, als er noch ein Kind war und von dem ich nur eine sehr vage Erinnerung habe, fühlte sich von dem, was ich über meine Großeltern, meine Eltern und meine Brüder schreibe, schmerzlich getroffen... so sehr, dass er mir eine Mail voller Beschimpfungen schrieb, um seine Solidarität mit einer Geschichte zu bekunden, in die er sich zweifellos weiter einschreibt – gewiss empört er sich darüber, dass ich mich von dieser Geschichte distanzieren wollen konnte).

VI.

Damals, nachdem ich Tag um Tag, Nacht um Nacht, Monat um Monat daran gearbeitet hatte und endlich dem Verlag per Mail die Dateien zusenden konnte, in denen die Kapitel enthalten waren, aus denen sich das Buch zusammensetzte, das ich nur qualvoll fertigstellen konnte, ergriff mich plötzlich eine Panik (»Panik«, das ist auch das Wort, das Ernaux verwendet, wenn sie sich daran erinnert, was sie erlebt hat, als *Les Armoires vides* aufhörte, ein Manuskript zu sein und zu einem veröffentlichten Text wurde; und genau das fühlt man auch, in dem Moment, in dem sich das Selbstgespräch in einen öffentlichen Diskurs verwandelt, in dem man sich derart enthüllt und in dem darüber hinaus auch noch einige Protagonisten gegen ihren Willen in diese »selbstanalytische« Enthüllung verstrickt werden, weil die Selbstanalyse sich als Sozioanalyse verstanden wissen will und daher die Analyse vieler anderer Individuen miteinschließt).

Ich habe einige Tage gezögert, bevor ich meiner Mutter ein Exemplar zugesandt habe. Immer wieder fragte sie: »Wann erscheint es denn nun, dein Buch?« Denn sie hatte ja fieberhaft Gott und der Welt dieses »Buch über die Geschichte unserer Familie« angekündigt und wartete ungeduldig auf den Moment, in dem sie es lesen und herumzeigen konnte. Ich sagte ihr, dass es bald erhältlich sein würde, obwohl ich es schon meinen Freunden gegeben und an einige Medien verschickt hatte. Zweifellos fürchtete ich ihre Reaktion.

Sicher, es war nicht das erste Mal, dass so etwas geschah! Auch früher schon, als sie mich fragte, warum ich sie nicht besuchen kam und ich ihr sagte: »Weil ich gerade ein Buch fertigstelle«, hörte sie nicht auf zu fragen: »Ist dein Buch schon fertig?«, oder »Ist dein Buch schon erschienen?« Und als ich »Ja« sagte (oder als jemand ihr einen Artikel in der Zeitung gezeigt oder als sie mich im Radio gehört oder im Fernsehen gesehen hat und es so mitbekam), wiederholte sie immer wieder formelhaft diesen einen Satz: »Ich werde sehen, ob ich es hier in Reims finden kann.« Die Antwort war vorbestimmt: »Ich schicke dir eines, sobald die Exemplare verfügbar sind.« Natürlich waren sie schon verfügbar, aber ich hatte es versäumt, ich versäumte es immer, ihr eines zu schicken. Der Grund? Ich glaube, dass ich mich schämte.

Wie lässt sich diese Erfahrung erklären? Ich schämte mich, Bücher zu schreiben, die sie nicht lesen konnte, Bücher, die von Dingen handelten, von denen sie nichts verstand, von denen sie sich nicht die geringste Vorstellung machen konnte... Im Grunde war das nicht schlimm: Wir hatten nur selten Gelegenheit, uns zu sehen. Ich schickte ihr schließlich ein Exemplar und wir sprachen nicht mehr davon. Das erste Mal, als ich sie in ihrem kleinen Häuschen in Muizon besuchte, sah ich auf einem Regal, in dem Stockwerk, wo sich die Schlafzimmer und das Badezimmer befanden, die Bücher, die ich ihr im Lauf der Jahre geschickt hatte, ordentlich eingereiht neben kitschigen Liebesromanen, in denen sie schwelgt, wenn sie nicht gerade fernsieht (»Man kann es nicht ernst nehmen, aber ich mag sie«, sagte sie mir einmal). Ich durchblätterte meine Bücher, ohne recht zu wissen, warum und bemerkte, dass sie Zeitungsausschnitte hineingelegt hatte – Rezensionen oder Werbebeilagen, auf denen mein Foto zu sehen war. Was für ein Schock! Mir wurde klar, dass das für sie fast die einzige Möglichkeit darstellte, zu verstehen, was aus mir geworden war, wie es mir erging… Ich war gerührt. Das Gefühl von Scham und Schuld, das mich erfasste wurde jedoch zum Glück gleich durch die Frage vom Fuß der Treppe unterbrochen: »Was machst du da?«

Nach dem Tod meines Vaters wurde die Angelegenheit heikler. Ich »vergaß« meine Mutter zwar weiterhin, wenn ich die »Presseexemplare« versandte, zu denen sowohl die an die Medien adressierten als auch die persönlichen Sendungen gehörten. Als im April 2007 mein Buch über die konservative Revolution in Frankreich erschien, benutzte sie die rituelle Formel: »Glaubst du, ich kann es in einem Buchladen finden …?« Meine Antwort hatte sich jedoch verändert, weil auch unser persönliches Verhältnis sich verändert hatte: »Ich bringe dir eins mit, wenn ich komme.« Was sonst hätte ich tun können? Als sie den Umschlag öffnete, in dem ich das Buch verpackt hatte, überkam mich ein merkwürdiges Unbehagen: Was mochte dieses Objekt, das sie da in ihren Händen hielt, für sie bedeuten? Sie sah mich an, durchblätterte das Buch auf eine fast schon mechanische Weise, hielt auf irgendeiner Seite inne, las einige Zeilen, sagte nichts, hob die Augen und sah mich an, durchblätterte es dann erneut und hob schließlich erneut die Augen und sah mich an. Die ganze soziale Distanz, die zwischen uns lag, schien sich in diesen kleinen Band eingeschrieben zu haben, auf dem zwar der Name ihres Sohnes stand, an dem sie aber alles – das Erscheinungsbild, das Vokabular usw. – daran erinnerte, dass es nicht an Leute wie sie gerichtet ist.

Und dennoch handelte es in einem gewissen Sinne von ihr, denn in dem Buch geht es insbesondere um die Frage der Abkehr der Arbeiterklasse von der Linken, um die Entwicklung der Arbeiterfamilien, die früher kommunistisch gewählt haben und jetzt dazu übergegangen sind, rechts zu wählen, extrem rechts... Sie ist der Gegenstand meiner Analysen und ihre tausendfach erhobenen Klagen klingen in meinem Schreiben wider. Und doch war sie nicht die Adressatin des Buches. Zweifellos wusste sie, dass es derartige Bücher gab. Aber es gab sie in einer Welt, die ihr äußerlich war, in einem sozialen Außenraum, zu dem sie nur durch mich einen – entfernten – Zugang hatte. Und an dieser Stelle ereignete sich sozusagen die plötzliche Begegnung zweier voneinander getrennter Universen – in einem Moment, in dem wir gezwungen waren, den Graben zu vermessen, der uns voneinander trennte. Hier war keine Verstellung möglich, wie man sie etwa spontan in gewöhnlichen Interaktionen einsetzt, in deren Verlauf man ein ganzes Konzert von Stratagemen und Hinterlisten ins Feld führt, um die Wirklichkeit, mit der wir zurechtkommen müssen, zu verdecken oder zu beschönen. Dieses Buch schien ihr ohne Umschweife zu verkünden: »Du kannst mich nicht lesen, ich bin zu kompliziert für dich, ich bin voll von Worten, die du nicht kennst...« Und ich war der Autor, der es für andere Leser_innen geschrieben hat und der es ihr gegeben hat, weil sie es so gewollt hat. Dieses unbeschreibliche Gefühl, das mich überkam, war viel mehr als ein Unbehagen: Es war eine Scham. Ja, die Scham davor, meiner Mutter so vor Augen zu führen, dass sie von der Kultur, vom Wissen usw. ausgeschlossen war. Dasjenige, zu dem sie mir den Zugang gewährt hatte, indem sie während meiner Kindheit und Jugend als Putzfrau und später als Fabrikarbeiterin gearbeitet hatte, hatte einen Abgrund zwischen ihr und mir aufgerissen, die wir doch nur durch einen niedrigen Tisch voneinander getrennt waren, auf dem wir unsere Kaffeetassen abgestellt hatten. Und es schien, als wäre es uns beiden in genau diesem Augenblick auf brutale Weise bewusst geworden.

Doch ich erinnere mich an eine viel frühere Situation, in der sich die Distanz ebenso drastische Weise manifestiert hat. Ich sage nicht, dass es das erste Mal war, aber es war ein Moment, der für sie wie für mich ziemlich unangenehm war. Es war noch bevor sie angefangen hatte, in der Fabrik zu arbeiten. Ich muss wohl dreizehn oder vierzehn Jahre alt gewesen sein. Sie hatte einen »Minijob« gefunden, um ein wenig Geld zu verdienen: Werbeprospekte in Briefkästen verteilen. Man wies ihr ein Viertel zu, gab ihr jene enormen Papierbündel (bestehend wohl aus tausenden Prospekten?) und sie zog mit einer viel zu schweren Tasche los, um sie alle einzeln in die Briefkästen zu stecken, Straße um Straße, Haus um Haus, Wohnung um Wohnung. Sie verlangte, dass ich sie begleitete und ihr half, wenn ich keine Schule hatte. Eines Tages wurde ihr das Viertel zugewiesen, in dem meine Schule lag (von der ich in *Rückkehr nach Reims* sagte, dass sie von bürgerlichen Kindern besucht wurde. Tatsächlich ist das nicht ganz exakt: Ein Leser hat mich darauf aufmerksam gemacht, dass die bürgerlichen Kinder – das Großbürgertum, die Familien, in denen Champagner getrunken wurde usw. – keine öffentlichen Einrichtungen, sondern nur private Institutionen besuchten, die die Namen von Heiligen trugen. In einem typischen Fall von *allodoxia* glaubte ich, dass die Kinder von Lehrer_innen und von mittleren Beamten die Bourgeoisie waren. So wie ich mir später einbilden sollte, dass ich mit dem Eintritt in die Universität wirklich die höchste Ebene der höheren Bildung, von der ich in meiner Jugend geträumt hatte, erreicht habe). Ich hatte panische Angst vor der Vorstellung, dass meine Mitschüler_innen, meine Klassenkamerad_innen oder meine Lehrer_innen mich bemerken, mich erkennen könnten…

Mein ganzer Körper und mein ganzes Sein bäumten sich gegen diese Situation auf: Im Grunde geht die Scham, die soziale zumal, dem Blick voraus, antizipiert und fürchtet ihn. Der »Blick« des anderen und die »Scham«, die er bewirkt, sind nicht einfach nur universale ontologische Strukturen, wie Sartre es will, sie sind ebenso soziale Strukturen mit klar markierten Hierarchien, wie er es in der Folgezeit so gut analysieren sollte (zum Beispiel in *Saint Genet*). Ich musste mich ganz klein machen, so unsichtbar wie möglich, um dem »Blick« zu entkommen, der mich bedrohte. Es ging sogar so weit, dass ich ein Paket mit Prospekten in eine Mülltonne warf.

Als sie bemerkte, dass meine Hände leer waren, wurde meine Mutter wütend: »Wegen dir werde ich noch meine Arbeit verlieren. Und wie wirst du dann etwas zu essen bekommen? Wie wirst du dann weiter in die Schule gehen?« Ihre Ausdrucksweise war blumiger, ungeschliffener, doch wenn ich sie hier wiedergeben würde, würde man mir vorwerfen, dass ich die Sprache der Arbeiter_innen stigmatisiere. In jedem Fall war ich von einer Form der Scham ergriffen, von der Angst, entdeckt und im Anschluss verspottet zu werden. Ja, ich schämte mich: für mich, für sie, für das, was wir waren, für das, was wir tun mussten. Eines Tages war es so kalt, dass wir uns Wollhandschuhe anzogen, von denen wir die Daumen abgeschnitten hatten, damit wir die Blätter jeweils einzeln nehmen konnten. Scham für die Armut, die niemand von meinen Klassenkamerad_innen durchleben musste oder auch nur kannte. Und wenn ich mich an diese Episoden aus unserem Leben erinnere, an ihre Wut auf mich, wenn wir zusammen zu einer dieser nachmittäglichen Verteilungen aufbrechen mussten und ich meine Vorbehalte und meinen Unwillen, sie dabei zu begleiten, zum Ausdruck brachte, dann wird mir auf einmal vollkommen klar, dass sie diese Arbeit noch mehr gehasst haben muss als ich: Ich strebte nach anderen Dingen, sie hingegen war zu diesen Tätigkeiten verdammt. Und unsere verbalen Auseinandersetzungen waren Ausdruck der Tatsache, dass der Abgrund zwischen uns bereits aufzureißen begann. Sie war auf ewig in einer wenig beneidenswerten Wirklichkeit gefangen und ich träumte bereits von etwas anderem: Ich träumte davon wegzugehen, zu fliehen. Ihr entging nichts. Zumindest hat sie es gespürt. Und das verdoppelte ihre Bitterkeit noch. Sie verteilte die Prospekte, damit ich ausbrechen konnte, mich von ihr entfernen konnte. Und ich wollte sie nicht verteilen, weil ich mich bereits fern von ihr fühlte, fern von ihnen, von meiner Familie, fern von meinem Milieu, dem ich entkommen musste, um ein Anderer zu werden.

Die viel spätere Szene, in der sie das Buch vor mir durchblätterte und wir nur durch einen niedrigen Tisch und zwei Tassen Kaffee und nicht durch große Papierhaufen in einer großen Tasche voneinander getrennt wurden, sollte viel friedlicher verlaufen. Vordergründig herrschte eine merkwürdige Stille. Doch in Wirklichkeit war diese Stille nicht weniger gewaltsam. Ich schämte mich schon wieder: dieses Mal nicht für sie, sondern für mich.

Wie kompliziert das mit der Scham ist! Ein Affekt, der sich überall einschleicht, immer wieder in verschiedensten Formen auftaucht, sich gemäß den Situationen, den gesellschaftlichen und relationalen Räumen, in denen man sich befindet, verschiebt (bis zu dem Punkt, an dem sie vollkommen umgekehrt wird: Scham für das, was ich geworden bin, vor denen, die ich verlassen habe, um es zu werden, weil ich mich für sie schämte). All die Prozesse, die im Lauf der Jahre eine so große Klassendistanz zwischen uns erzeugt haben, verdichteten sich zu diesem Objekt, das sie niemals in der Hand gehalten hätte, wenn nicht ihr Sohn es geschrieben hätte und das sie zugleich daran erinnert, wie weit ihr Sohn sich von ihr entfernt hat. Diese kurze Szene kam mir sehr lang und erdrückend vor. Ich muss immer noch an sie denken. Und ich frage mich: Haben mich meine Eltern, meine Brüder, meine Familie… als »Klassenfeind« wahrgenommen? Oder als jemand, der zu der Klasse der Unterdrücker übergelaufen ist? Und haben sie mich seit *Rückkehr nach Reims* noch eindeutiger so wahrgenommen? Was bedeuteten würde, dass ihnen diese Distanz in dem Moment bewusst wurde, in dem sie in aller Öffentlichkeit ausgesprochen wurde, mit einer Geste, die versuchte, diese Distanz, wenn nicht zu überwinden, so zumindest zu verringern? Dass die Distanz sich dadurch verraten und verhärtet hat, dass sie sich in einem Buch ausspricht, das sich zur Aufgabe macht, sie zu überwinden? Genauer gesagt, sie zu analysieren?

VII.

Ich muss zugeben, dass die Reaktion meiner Familie mich keineswegs überrascht hat. Die Vehemenz dieser Reaktion vielleicht, die Reaktion selbst aber nicht. Bei jedem Schritt der Arbeit an *Rückkehr nach Reims* habe ich mich gefragt: Kann ich das erzählen? Kann ich das erwähnen? Dann fuhr ich fort. Wenn daraus ein Buch werden sollte, dann musste es sein. Ich tat es mit Furcht und Zittern! Aber ich fuhr fort. Einige Abschnitte ließen mich lange zögern: Ich strich sie, ich begann sie von neuem... Noch im letzten Moment habe ich Zeilen, Abschnitte, selbst ganze Seiten herausgestrichen. Der Teil etwa, in dem ich von meiner geschorenen Großmutter berichte, hat mich so viel Mühe gekostet, dass ich das, was nach zahllosen Neufassungen aus ihm geworden ist, jedes Mal korrigieren muss, wenn jemand es erwähnt...

Wenn man ein Buch anfängt, hat man fast keine Vorstellung davon, was aus ihm werden wird: Man hat keinen Begriff davon, was das Endprodukt sein wird, das man Schritt für Schritt zu realisieren versucht – ganz im

Gegenteil: Das Buch wird im Werden erfunden, nach tausend Versuchen, tausend Zurücknahmen und viel Ausdauer. Es wird immer schwieriger, das Geschriebene zu verändern. Das, was bereits redigiert und bearbeitet ist, scheint den noch zu schreibenden Rest vorzugeben oder zu orientieren. Und so entsteht ein Buch – und das ist fast die einzige Antwort, die ich meinen akademischen Kolleg_innen geben kann, wenn sie sich oder mich fragen, was meine »Methode« sei. Ich kann nicht anders als mir die Formel des Sinologen Marcel Granet, die Georges Dumézil so gerne zitiert hat, zu eigen zu machen: »Die Methode ist der Weg *nachdem* man ihn gegangen ist«.

Seit dem Erscheinen des Buches habe ich dutzende, ja hunderte von Briefen und Mails erhalten – und auch mündliche Zeugnisse bei verschiedenen öffentlicher Präsentationen –, die mir im Wesentlichen sagten: Sie sprechen von mir, Sie erzählen von meinem Leben. Meine Mutter, meine Brüder und meine Familie erkennen sich in meinem Buch nicht wieder – oder wollen sich nicht in ihm wiedererkennen –, die Leser_innen hingegen erkennen sich so sehr darin wieder, dass sie mir lange Briefe schreiben, auf deren persönliche Beantwortung ich schon bald verzichten musste. Es wurde, je mehr sie sich vervielfachten, zusehends zu einer unlösbaren Aufgabe. André Gide hat diese Herausbildung von Kollektiven, von Wählergruppen, von Öffentlichkeiten oder Gegen-Öffentlichkeiten auf wunderbare Weise durch ein Buch ins Gedächtnis gerufen: ein Buch, in dem sich die Leser_innen wiedererkennen, ganz gleich wie weit sie physisch voneinander entfernt sein mögen. Ein politischer Körper kann sich herausbilden, ohne dass sich diejenigen, die ihn bilden, in der Öffentlichkeit versammeln und präsentieren. Durch die Verwandlung, die mit den räumlich voneinander getrennten, aber durch die intensive Lektüre eines Buches oder einer Reihe von Büchern miteinander verbundenen Individuen vor sich geht, entsteht dennoch eine Gruppe, die dazu beiträgt, die Wahrnehmung der Welt und somit die Welt selbst zu verändern. (Hat nicht Fanon gesagt, dass sich die Einwohner von Martinique erst dann als Schwarze begriffen haben, als Césaire angefangen hat von der »négritude« zu sprechen? Das Wort, die Selbstsetzung durch einen Namen, verschiebt vollkommen die Weise, wie man sich selbst und die Welt wahrnimmt – und bewirkt dadurch eine Veränderung der Welt). Und in *Rückkehr nach Reims* scheint sich die Ausrichtung eines solchen Kollektivs herauskristallisiert zu haben – und kristallisiert sich weiterhin heraus –, einer solchen unterirdischen Gegen-Öffentlichkeit, die sich der großen Öffentlichkeit in Debatten, Zusammenkünften, Kolloquien und Konferenzen präsentiert... oder indem sich Autor_innen, Künstler_innen, Filmemacher_innen oder Regisseur_innen zu dem Einfluss bekennen, den dieses Werk auf sie ausgeübt hat.

Ich hatte mir niemals träumen lassen, dass das Buch ein so großes Publikum finden würde. Doch die Briefe, die mir die Leser_innen schickten, konnten mich nicht überraschen: Sie erinnerten mich, in Bezug auf die Lebenswege der Klassenflüchtigen und in Bezug auf die soziale Scham, an die Briefe, die ich nach dem Erscheinen von *Réflexions sur la question gay* zu der Frage der sexuellen Scham und der Notwendigkeit, Überlebenstechniken zu finden, erhielt.

Wenn ich in *Rückkehr nach Reims* unentwegt »Ich« sage, dann ist dieses »Ich« immer schon im Netz und im Spiel der sozialen Welt gefangen und deswegen ist es auf gewisse Weise ein nicht persönliches oder unpersönliches »Ich«. Das gilt im Übrigen für jedes »Ich«, denn das reflexive »Ich« [*moi*] entsteht immer ausgehend von seiner Verankerung in der sozialen Welt, ausgehend von seiner Einschreibung in die Geschichte (die Epochen, in denen man lebt) und in die Geographie (die Orte – und vor allem die Milieus –, in denen die Leben verortet sind). Wenn Ernaux von ihren Büchern schreibt, dass »sie ›Forschungsreisen‹ sind, auf denen es nicht so sehr darauf ankommt, ›mich‹ zu bestimmen oder ›wiederzufinden‹, als vielmehr mich in einer umfassenderen Wirklichkeit, in einer Kultur, in einem Zustand, in einem Schmerz zu verlieren«,[36] dann lassen sich diese Begriffe auch auf mein Buch anwenden. Es geht also in diesem Buch nicht um mich, sondern um das Bündel von historischen und sozialen Strukturen, die es auszugraben oder zu rekonstruieren galt, um verstehen zu können, wer dieses »Ich« ist, das schreibt und wer dieses reflexive »Ich« ist, über das »Ich« schreibe: woher kommt das eine und das andere und welches Band besteht zwischen ihnen, welcher Werdegang verbindet sie miteinander? Und dasselbe gilt für alle anderen: Alle »Figuren« des Buches verkörpern die Positionen, die sie in der gesellschaftlichen Welt einnehmen, die Punkte, an denen sich die Geschichte und die Geographie kreuzen. Es sind soziale Figuren, soziale und deswegen politische Körper.

---

36 Annie Ernaux: *L'Écriture comme un couteau*. Paris 2011. S. 22.

VIII.

Die Rezeption eines Buches lässt sich nicht beherrschen. Genauso wenig wie das, wozu der Autor, der sich nicht mehr von dem unterscheidet, was er schriftlich festgehalten hat, durch diese Rezeption genötigt ist: Er muss von nun an dem, was er in Umlauf gebracht hat, zustimmen, mit ihm übereinstimmen, ihm sogar gehorchen. Wie soll man aber etwas gehorchen, was man gerade eben erst wiederzuerlangen versuchte: Hatte ich geglaubt, dass ich mich so einfach von einer Geschichte und einer Vergangenheit befreien könnte, die ich mir vor so kurzer Zeit und auf so schwierige Weise erst wieder angeeignet hatte?

Ich finde mich also heute von jenen Prozessen wieder eingeholt und eingefangen, die ich – entgegen meiner Absicht? – selbst in Gang gebracht habe. Von Prozessen, die ich mir erneut aneignen muss. Um zu versuchen, sie immer noch vorgängiger zu denken.

ZWEITER TEIL.
KRITIK UND POLITIK.

3. Vorgeladen werden. Zur Theorie der praktischen Vereinigungen.[37]

> – Wie du mich entstellt hast in deinem Buch, seufzte meine Mutter nach einer langen Pause.
> – Es ist eine Übertragung, entgegnete ich schwach, es ist Literatur.
> Es war nicht aufrichtig, ich hatte in *L'Asphyxie* nichts als die Wahrheit geschrieben.
> – Du denkst also, es ist Literatur? fragte sie flehend.
>
> Violette Leduc, *La Folie en tête*

I.

In Herta Müllers Roman, der in der französischen Übersetzung den Titel *La Convocation* trägt – auf den Titel des deutschen Originals werde ich zurückkommen – wird die Hauptfigur in regelmäßigen Abständen in die Büros der politischen Polizei vorgeladen. Das Ganze spielt in Rumänien, zur Zeit der Ceauşescu-Diktatur. Natürlich muss sie dem Befehl Folge leisten und zur Vorladung erscheinen: Sie hat keine Wahl. Sie muss die Befragungen über sich ergehen lassen und das heißt nicht nur, die Fragen des Polizeibeamten zu beantworten, sondern auch die brutalen Gesten und die unsittlichen Berührungen zu akzeptieren, von denen seine Fragen begleitet werden. Sie

---

[37] Es handelt sich bei diesem Text um die erweiterte Fassung eines Vortrags, den ich im Rahmen des Kolloquiums *Beauvoir, Leduc, Wittig: Feminism's Abject Selves* gehalten habe, das am 17. und 18.4.2015 an der Columbia-Universität in New York stattfand.

kann sich weder verweigern, noch kann sie widersprechen oder sich verteidigen. Bis zu einem gewissen Punkt kann sie lügen oder listig sein. Sie kann sich in das Denken fliehen. Sie kann sich jedoch nicht der Machtausübung entziehen. Eine physische und dadurch psychische Machtausübung. Politisch und dadurch persönlich.

Im weiteren Verlauf des Buches habe ich zunehmend den Eindruck gewonnen, dass dieses großartige Stück Literatur ein Gleichnis für die allgemeine Funktionsweise der Dispositive der Macht darstellt. Ich will keineswegs die von Herta Müller evozierte unmittelbare Gewalt, die vom totalitären Terror und von der Angst ausgeht, die dieser Terror ständig in den Körpern und im Geist der Individuen produziert, mit der Gewalt vergleichen, die in der Beleidigung, in der Stigmatisierung, in der Aggression oder in der Zuweisung des »Platzes« in der sozialen Welt und in den damit verbundenen objektiven und subjektiven Möglichkeiten lauert. Ich vertrete aber die These, dass jede_r von uns zu jedem Zeitpunkt ihres oder seines Lebens mit politischen Mechanismen konfrontiert ist, die wie »Vorladungen« funktionieren – Vorladungen, gegen die wir uns nur schwer zur Wehr setzen können und mit denen wir uns deswegen herumschlagen und auseinandersetzen müssen.

Die soziale Welt ist ein Komplex von »Ansprachen«, die überall und zu jeder Zeit an uns gerichtet werden, die uns Identitäten zuschreiben oder einen Platz zuweisen, die uns zurechtweisen, ohne dass wir notwendigerweise gegen die Regeln, Normen oder Statuten verstoßen hätten, die uns noch deutlicher zurechtweisen, wenn wir tatsächlich gegen sie verstoßen, wenn wir versuchten, gegen sie zu verstoßen oder wenn wir auch nur meinen, gegen sie verstoßen zu können... Die von Louis Althusser zur Beschreibung der Formierung unterdrückter Subjekte verwendete Metapher ist besonders prägnant: Ein Polizist ruft jemanden, »He, Sie da!«, der sich unweigerlich zu ihm umdreht. Wir werden »als Subjekt angerufen«, wie er schreibt. Die Systeme von Klasse, Gender, Sexualität, Rassifizierung usw. verfahren auf diese Weise, wobei es hinzuzufügen gilt, dass die »Anrufung« immer schon geschehen ist: Sie geht uns voraus und konstituiert uns. Der Polizist ist in Wahrheit nichts anderes als die soziale Welt mit all ihren Wegweisern und Anordnungen.

Man könnte sagen, dass wir alle schon immer von der Gesellschaftsordnung »angerufen« und »vorgeladen« sind. Man könnte sogar sagen, dass die Gesellschaftsordnung selbst nichts anderes ist als diese Anrufung und ihre permanente Kontrolle garantiert, nichts anderes als die allgemeine Überwachung, die mit ihr einhergeht und ihre Wirksamkeit. Allerdings nicht in dem Sinne – und hier kommt der Vergleich mit dem Roman von Herta Müller an seine Grenzen –, dass es eine zentrale Überwachungsinstanz gäbe, einen autoritären und repressiven Staat, der sein Gesetz diktiert. Es gibt vielmehr eine Verstreuung der Kontrolle und der Normen auf den ganzen Komplex der sozialen Welt, nicht nur in den offiziellen, administrativen, professionellen und politischen Institutionen, sondern auch auf allen Ebenen des alltäglichen Lebens, auf der Straße, am Arbeitsplatz und selbst in der Privatsphäre, im familiären, emotionalen und freundschaftlichen Leben.

Dass das Ganze so gut »funktioniert«, dass es gar nicht notwendig ist, auf physische Gewalt, auf den Zwang durch die Polizei zurückzugreifen (gewiss, diese beiden Formen der Erhaltung der Ordnung sind meistens nie weit weg, die meiste Zeit erhalten sich die Herrschaftsprinzipien aber selbst, ohne dass irgendeine andere Kraft als die Trägheit der verinnerlichten Strukturen vonnöten wäre), liegt zu einem großen Teil daran, dass wir von Anfang an in eine Welt sozialisiert werden, die uns Identitäten zuweist und die darum bemüht ist, ja geradezu verbissen versucht, diese Identitäten aufrecht zu erhalten. Ohne Unterlass versucht sie, ohne dass wir es bemerken würden, uns diese Identitäten aufzuzwingen. Man muss nur ein Formular ausfüllen, um sich davon zu überzeugen: Name und Vorname (es ist schwer, sie zu ändern und nur der Staat kann über die Änderung entscheiden), Geburtsdatum, Geschlecht, Nationalität, Beruf und die Felder zum Ankreuzen: verheiratet, geschieden, eingetragene Partnerschaft, ledig usw. Mit all dem sozial und politisch Unbewussten, mit der ganzen politischen und gesellschaftlichen Ordnung, die sich in diesen Kategorien und Kategorisierungen ausdrückt, die aber dennoch nichts anderes zu sein scheinen als neutrale und objektive Auskünfte, die zu geben man uns bittet – oder uns auferlegt. Oder einfach nur die Entscheidung zwischen »Herr« und »Frau« (und in Frankreich bis vor ganz kurzer Zeit zwischen »Frau« und »Fräulein«, dem »Namen für ein junges Mädchen«). Es sind Bestimmungen unserer selbst, die wir ständig empfangen: Ich würde sagen, es sind »Vorladungen«, die von überall her an uns gerichtet werden, von allen Seiten.

In Wahrheit sind wir es selbst, die die Gesellschaftsordnung aufrechterhalten: durch jede unserer Antworten auf diese offiziellen, offiziösen oder unausgesprochenen Fragebögen, die uns das alltägliche Leben vorlegt, durch jede unserer Gewohnheiten, durch jede unserer Gesten, durch jede unserer spontanen Reaktionen, durch all unsere Wert- und Geschmacksurteile. Die Gesellschaftsordnung – das sind wir. Wir alle, so wie wir den größten Teil unserer Tage und unseres Lebens sind: wie wir uns anziehen, wie wir uns sehen, wie wir die Anderen sehen… Die Ordnung bringt uns hervor und wir erhalten uns so, wie wir hervorgebracht wurden – und damit auch die Ordnung selbst.

II.

Die Beleidigung stellt ein besonders mächtiges Element dieser allgemeinen Anrufung dar. Die beleidigende Bezeichnung, die abwertende Benennung und die abschätzige Kategorisierung gehören zu den Vorladungen, die wir alle zu jeder Zeit und an jedem Ort erhalten (oder aussprechen) können. Sie machen uns zu dem, was wir für andere sind, zu dem, was wir in der sozialen Welt sind und deswegen auch zu dem, was wir für uns selbst sind.

Um einige dieser Mechanismen der Konstituierung und der Unterwerfung von Individuen und Gruppen beschreiben und ihre durch die Anrufung und die Vorladung vermittelte Funktionsweise analysieren zu können, möchte ich daher noch einen Moment bei den autobiographischen Schriften von Violette Leduc verweilen, insbesondere bei *L'Asphyxie*, *Die Bastardin* und *La Folie en tête*. Denn hier folgen die Etappen, die alle durchlaufen müssen, die auf die eine oder andere Weise von der Gesellschaftsordnung stigmatisiert und unterdrückt werden, auf eine fast schon paradigmatische Weise aufeinander.

Von dem ersten Satz ihres ersten Buches *L'Asphyxie* an herrscht ein Klima, eine Atmosphäre, in der die Verletzung und der Schmerz, der ihr als Kind zugefügt wurde, spürbar wird: »Meine Mutter hat mir nie die Hand gereicht«.[38]

Sie weiß also, dass ihre Mutter sie nicht liebt! So jung und schon gehasst! Was hat sie getan? Was lastet man ihr an? Nichts, außer geboren zu sein, außer da zu sein.

Im weiteren Verlauf des Buches und im weiteren Verlauf ihres Werkes entfaltet sich die Erzählung eines Lebens, in dem sich dieses *incipit* verdichtet zu haben scheint. Und es klärt sich, warum und wie es zu einer Situation kommen konnte, in der dieses merkwürdige Unbehagen aufsteigt, dieses Gefühl der Unangepasstheit, das ein Individuum überkommt, wenn irgendetwas in diesem Individuum (und diesem Individuum zum Trotz) ihm einen Platz zuweist. Wenn diesem Individuum, ohne dass es wüsste, warum, in der Gesellschaftsordnung, in ihrer Wertordnung und in ihren Hierarchien, ein wertloser und ausgestoßener Platz zugewiesen wird.

Die Vorstellung eines »Atemstillstands« (*Asphyxie*) bezeugt in diesem Kontext selbst schon, dass sich die

---

38 Violette Leduc: *L'Asphyxie*. Paris 1988. S. 7.

Gesellschaftsordnung der Protagonistin bemächtigt hat, dass diese Ordnung alles, was sie ist und was sie sein wird, bereits hervorgebracht hat. Es kündigt sich eine Existenz an, die in der Atemnot bestehen wird. Das kleine Mädchen, das unter diesem Mangel an Zuwendung leidet, kennt selbst noch nicht die Gründe dafür, aber es spürt bereits das Gewicht eines anfänglichen Unglücks auf seinen Schultern. Sie trägt die Last eines »Fehlers«, den sie nicht begangen hat. Und noch bevor sie in dem Alter ist, in dem sie die sozialen und ideologischen Begründungen des gesellschaftlichen Schuldspruchs über ihre Mutter verstehen kann, noch bevor das junge Mädchen die Auswirkungen der Verurteilung und der Stigmatisierung begreifen kann, die auf ihr ebenso lasten, wie auf derjenigen, die die moralischen »Gesetze« überschritten hat, spürt sie es bereits am eigenen Leib. Die Markierung der Kategorie – und des beleidigenden Vokabulars, mit dem sie versehen wird – lastet auf Leducs Schultern, schon lange bevor der Schicksalsspruch verkündet ist.

Doch er wird nicht auf sich warten lassen. Betrachten wir die Szene der Benennung: Man könnte sie zugleich die erste direkte Vorladung vor das Tribunal der Gesellschaftsordnung nennen, das schon vor langer Zeit sein Urteil beschlossen hat und es ihr nun verkünden wird. Ausgehend von dieser Szene wird sie entdecken, was sie »ist«, was sie für die anderen und deswegen notwendigerweise für sich selbst ist: »Eine Familie, die als vornehm gelten wollte, die meinen Gruß nicht erwiderte, nannte mich eine Bastardin. ›Was bedeutet das?‹ habe ich meine Mutter gefragt, als ich wie ein Windstoß in unsere

Küche stürmte. Meine Mutter wurde blass. ›Das bedeutet gar nichts.‹ Sie ließ mich stehen, ging wütend hinaus. Ich öffnete den Briefschlitz und hörte, wie sie mit ihnen sprach, laut schreiend. Ich bedauerte meine Neugier.«[39]

Doch kann man seine »Neugier« überhaupt bereuen? Und handelt es sich einfach nur um Neugier? Handelt es sich nicht vielmehr um das, was man gewöhnlich eine Begegnung mit sich selbst nennt, mit einem Selbst, das man noch nicht kannte, das man gerade entdeckt und das zu entdecken man auch gar nicht verhindern kann, weil die verbale Aggression uns einen Spiegel vorhält, den man gerne für verzerrend halten würde, weil die Beleidigung uns ein Bild präsentiert, das wir gerne für erlogen halten würden, das aber die Wahrheit sagt (weil die Beleidigung diese Wahrheit dadurch schafft, dass sie sie ausspricht). Das gesellschaftliche Bild ist da. Es war auch davor schon da, als objektive Kategorie. Die Kategorie wartet schon. Man betritt sie nur, man besetzt sie. Und man wird all das, was sie enthält. Der ausgesprochene Name, das ist dein Name. Er benennt dich. Noch einen Moment zuvor warst du es noch nicht oder zumindest wusstest du es noch nicht. Andere wussten es für dich. Und siehe da, jetzt bist du es. Man würde diese allzu schwere, allzu hässliche, allzu grelle Kluft am Liebsten abstreifen. Doch es ist keine Kleidung, es klebt an deiner Haut und in Wahrheit müsstest du dein ganzes Sein ausziehen. Jouhandeau hat im letzten Kapitel von *De l'abjection* einige meisterhafte Seiten über das Phäno-

39 Violette Leduc: *Die Bastardin*. Übers. v. Walter Tiel. München 1978. S. 44.

men der Beleidigung als »Brandmarkung« geschrieben. Beleidigt zu werden heißt, sich selbst zu begegnen, diese Figur zu treffen, die uns ihre Physiognomie und ihre Charakterzüge verleiht, so als wäre sie einer Galerie von Porträts entstiegen.[40]

Und genau dasselbe sagt auch der deutsche Titel des Romans von Herta Müller: *Heute wär ich mir lieber nicht begegnet*. Die Vorladung fragt nicht nach unserer Meinung: Wir sind gezwungen, uns selbst zu begegnen, mehrmals am Tag und letztlich sogar in jeder Minute unseres Lebens. Die Vorladung kümmert sich nicht um unsere Vorlieben, unsere Wünsche und unsere Gefühle. Denn sie wird nicht nur von einer Person ausgesprochen und vermittelt: Es ist ein ganzes System, die ganze soziale Welt, die der Beleidigung ihren Sinn und ihre konstitutive Kraft verleiht. Wie könnte man also das Offensichtliche zurückweisen, dass wir diese Figuren sind, die mit den Beleidigungen bezeichnet werden, dass wir jene Identitäten sind, die einzunehmen wir gezwungen werden? Wir stimmen ihnen ebenso zu, wie wir sie ablehnen, wir nehmen sie ebenso selbst wieder auf, wie wir uns wünschen würden, niemals von ihnen gehört zu haben. Wir möchten ihnen entfliehen, doch sie suchen uns in unseren Träumen genauso heim, wie sie uns am Tag verfolgen. Und wir wollen zweifellos mehr über dieses Selbst wissen, das wir geworden ist, das wir also schon waren,

---

40 Marcel Jouhandeau: *De l'abjection*. Paris 2006. Das Paradigma des Schandmals, das das »Vergehen« anzeigt und zur Scham verpflichtet, findet sich zweifellos auch in dem Buch von Nathaniel Hawthorne: *The Scarlet Letter*. London 1994.

bevor wir es wussten und bevor wir imstande waren, es zu wissen.

Der »Wahn im Kopf«, den Leduc im zweiten Band ihrer Memoiren mit so viel Mut (der ihr zweifellos den unerschütterlichen Rückhalt von Simone de Beauvoir verschafft hat) und so viel emotionaler Kraft beschrieben hat, entstammt diesem schrecklichen und endgültigen »Schicksal«, einen Namen verliehen bekommen zu haben. Wie Sartre einmal über Genet sagte: »Es ist sein Schicksal, benannt zu sein.« Leduc wurde schon als sie ein Kind war, ja sogar bereits mit dem Moment ihrer Geburt und sogar noch bevor sie auf die Welt kam und ohne dass die Worte und die stigmatisierende Bezeichnung ausgesprochen werden müssten oder wurden, ein Platz zugewiesen, den man nur schwer einnehmen konnte: Die soziale Welt hat ihr einen Namen verliehen, hat ihr ein »schwindelerregendes Wort« entgegengeschleudert (nach dem Vers von Genet »Ein schwindelerregendes Wort / Vom Grund der Zeiten kommend«), gewaltsam und unwiderruflich, das unausgesprochen schon immer auf sie gewartet hatte. Sie war das auserkorene Opfer der Beleidigung. Die soziale Welt hat sie ergriffen, so wie sie uns alle auf die eine oder andere Weise ergreift.

Ich habe gesagt: »seit dem Moment ihrer Geburt und sogar bevor sie geboren wurde.« Violette Leduc drückt sich selbst so aus. Um auszudrücken, was sie ist und warum sie ist, was sie ist, schreibt sie: »Ich bin als Gebrochene geboren. Ich bin das Malheur einer anderen. Eine Bastardin eben!« Und ihrem Liebhaber Gabriel, der ihr sagt: »Ich hoffte, du würdest die Welt zum Teufel wünschen, ich habe mich geirrt«, antwortet sie: »Das ist nicht meine Schuld. Man hat mir den Schnabel geschlossen, als ich noch nicht geboren war.«[41]

Gebrochen und beleidigt geboren werden. Noch bevor man zur Welt kommt, zum Schweigen gebracht zu sein. Davon sprechen diese Zeilen. Ein Urteil wurde gesprochen. Wie sollte man es anders ausdrücken? Sie wurde verdammt. Es musste jedoch kein Gericht zusammenkommen, um die Akten zu verlesen und das Urteil zu verkünden. Stellt nicht Kafka und insbesondere *Der Process* einen der wichtigsten Einflüsse auf das Werk von Herta Müller dar, der besonders in *Heute wär ich mir lieber nicht begegnet* zu spüren ist? Die Macht lässt sich nicht verorten. Genau das will auch Foucault sagen, wenn er behauptet, dass »die Macht überall ist.«

Was die verschiedenen Werke von Leduc auf so deutliche und kraftvolle Weise beschreiben, ist die Funktionsweise der Urteilssprüche: wie sie ergehen, wie sie rechtskräftig werden, wie man sie widerspruchslos annimmt, wie man sich damit abfindet und sein Leben entsprechend einrichtet. Eines Tages erklärt ihre Mutter ihr, was sich zugetragen hat, als sie mit ihr schwanger war: »Ich habe die Stadt verlassen. Es stand außer Frage. Ich habe mir ein Zimmer gesucht. Zu dieser Zeit gab es für jemanden, der so einen Fehler begangen hat, keinen Unterschlupf… Auf dem Gang gab es Ratten. Er besuchte mich nicht mehr. Er ging auf Reisen. Er kam zwei Monate später, auf der Durchreise…«

---

41 Violette Leduc: *Die Bastardin*. Übers. v. Walter Tiel. München 1978. S. 290.

Sie warnt ihre Tochter: »Hör mir zu. Versuche, zu verstehen, was ich dir sage. Wenn dir etwas Ähnliches widerfährt, werde ich dich verstoßen. Ich habe damals nichts gewusst. Die Sünde! Die Sünde ist etwas Unbestimmtes. Wenn dich ein Mann anruft, geh nicht hin. [...] Du bist gewarnt. Es darf dir nicht passieren und wenn es dir passiert, werde ich kein Mitleid haben. Ich lasse dich zugrunde gehen.«[42]

Auch Toni Morrison spricht in *Jazz*, einem Roman, der im Harlem der 1920er Jahre spielt, vom »Fluch einer Schwangerschaft, die sich nicht mit einer Heirat verbinden ließ«: »Eine unverheiratete und unverheiratbare Schwangerschaft war das Ende und die Vollendung eines lebenswerten Lebens.« Dieser Fluch traf nicht nur die Mutter, sondern auch das Kind der »Verfluchten«. Das Kind kommt mit einem negativen Kapital zur Welt, mit einem moralischen oder sozialen »Makel« oder »Schandfleck«, um einige Ausdrücke aufzugreifen, die an die Stigmata erinnern (deren Realität nicht von einer wirklichen Interaktion abhängt, da sie offensichtlich von Strukturen und von Systemen bewirkt werden). In dieser Hinsicht ist es auffällig, dass man in *God Help the Child,* einem anderen Roman von Toni Morrison, ein ganz analoges Bild von einem Mädchen findet, dessen Mutter sie nicht liebt und ihr aus ganz anderen Gründen nicht die Hand reicht. Im Gegensatz zu ihr selbst, die stolz ist auf ihre weiße Haut, ist ihre Tochter in ihren Augen zu dunkel geraten. Die Existenz ihrer Tochter scheint sie selbst zu verraten, scheint sie anzuklagen und ihr eine Identität

---

42 Violette Leduc: *L'Asphyxie*. Paris 1988. S. 52f.

zuzuschreiben, der sie entfliehen will. Die Existenz der Tochter scheint die Mutter auf etwas zu verpflichten, was sie nicht sein will, genauso wie die Existenz der kleinen Violette Leduc für alle Augen sichtbar macht, dass ihre Mutter eine Tat begangen hat, die von der »Moral« verurteilt wird.[43]

Worin besteht also der gesellschaftliche Schuldspruch? Die Gesellschaft als Urteil. Im Fall von Violette Leduc verweist die Vorstellung der »unehelichen Herkunft«, des »natürlichen« Kindes, auf die moralischen, religiösen und rechtlichen Verwandtschaftsstrukturen unserer Gesellschaft. Eine »Bastardin« existiert nur in Bezug auf diese Strukturen.

III.

Man erkennt die jähe Gewalt, mit der uns die Beleidigung ins Gesicht springt und uns, in dem Moment, in dem sie uns sagt, was wir sind, auch zu dem Gesagten macht. Zugleich erkennt man aber ganz deutlich, dass die Macht der Beleidigung nur teilweise performativ ist: Nicht der Sprechakt, sondern die gesellschaftliche Autorität, die diesen Sprechakt vollzieht, also die soziale Welt mit all ihren Werten und Hierarchien bringt die beschädigte Existenz hervor. Eine Sache steht zweifellos außer Frage: Man wird nicht erst zur Bastardin, man wird als Bastardin geboren. Man muss einfach lernen, mit dem Makel zu leben, eine »Bastardin« zu sein. Es handelt sich um eine Identität, die das Leben eines Kindes ab dem

43 Toni Morrison: *Jazz*. London 2016. S. 76 und *God Help the Child*. New York 2015.

Moment bestimmt, in dem es zur Welt kommt, weil es eine gesellschaftliche Kategorie ist, die bereits vor seiner Geburt existierte und gewissermaßen auf das Kind gewartet hat, um sich auf es zu stürzen und sich seiner anzunehmen, so wie sie auf alle Kinder wartet, die unter den gleichen Umständen geboren werden. Eine Bastardin zu sein ist daher keineswegs bloß eine abschätzige sprachliche Kategorie. In diesen Worten, die daher mehr sind als bloße Worte, liegt die ganze Gesellschaftsordnung beschlossen: Sie sind ein Schuldspruch, der den Individuen einen Aufenthaltsort in den stigmatisierten und würdelosen Regionen der sozialen Welt zuweist. Das Wort verwundet, weil es über die Macht der Verwundung verfügt. Es kann verwunden, weil die Gesellschaftsordnung all jene verwundet, gegen die die Beleidigung gerichtet ist und die in dem Moment, in dem sie ausgesprochen wird, erkennen, dass sie gemeint sind.

Eine Möglichkeit, die Stigmatisierung zu akzeptieren und sich der Gewalt des Schuldspruchs zu unterwerfen und ihn anzunehmen, liegt in der Scham. Die unwiderstehliche Macht dieses Affekts beruht auf dem Umstand, dass man dieser Kategorisierung, die sich überall und in jedem Moment erneuert, nie und nirgends entkommen kann, weil es die Gesellschaft im Ganzen ist, die diese Kategorien transportiert, reproduziert und sie uns ohne Unterlass ins Gedächtnis ruft (im Diskurs, in den Bildern, in den Praktiken…). Der Versuch, diese Stigmatisierung zu bekämpfen oder zurückzuweisen, kann nicht im Geringsten verhindern, dass man ihre Wirkungen spürt und sich alltäglich daran beteiligt, sie aufrecht zu erhalten (sei es nur in Bezug auf sich selbst).

IV.

Man sieht leicht, dass es längst nicht nur die moralisch-religiöse Missbilligung ist, die in dieser Situation zuschlägt und schließlich zur Zurückweisung sowohl der Mutter als auch der Tochter führt! Violette Leduc ist eine »Bastardin«: Sie ist zudem die Tochter einer Haushälterin und eines Großbürgers, der sie nicht anerkennt und sich nicht um sie kümmert... Die uneheliche Abstammung wird hier durch die Klassenposition innerhalb einer sozialen Konfiguration hervorgebracht und folgt einem typischen vergeschlechtlichten Muster: Der Sohn der Familie, der mit der Hausangestellten schläft und sie in dem Moment, in dem sie ihm offenbart, dass sie schwanger ist, ihrem Schicksal überlässt.

Violette Leduc kann deshalb schreiben, dass sie »bei ihrer Geburt von Großbürgern unterdrückt, ausradiert« wurde.[44]

Ein Sohn aus bürgerlichem Haus kann keine Hausangestellte heiraten. Eine Szene aus *L'Asphyxie* stellt die Grausamkeit dieser sozialen Gesetze heraus: ein fast geheimes Treffen in einem Arbeiterviertel zwischen Violettes Mutter und demjenigen, mit dem sie jene »Sünde« begangen hat. Er ist krank, muss sich um seine Gesundheit kümmern und kann nichts für sie tun, weil sein eige-

---

44 Vgl.: Violette Leduc: *Die Bastardin.* Übers. v. Walter Tiel. München 1978. S. 294. Dieser Satz fällt in einer Szene, die in Paris zur Zeit der deutschen Besatzung spielt und in der sie sagt, dass sie Glück hat, keine Jüdin zu sein. Sie fügt hinzu, dass sie »nicht gerade unzufrieden [war], wenn andere Großbürger zu Kriegszeiten in die freie Zone flüchten mussten.«

ner Vater ihm den Lebensunterhalt gekürzt hat (»Mein Pech hat ihnen kein Glück gebracht«, sagt Violettes Mutter über die Eltern des jungen Mannes, als ob sie auch von dem Fluch getroffen wurden). Violette hört das Gespräch zwischen ihrer Mutter und ihrem biologischen Vater. Er verspricht ihr einen Unterhalt, ihre Mutter hingegen hat sich mehr, hat sich besseres erwartet. Als sie mit demjenigen spricht, von dem sie sich geliebt glaubte, beginnt sie zu weinen und zu schreien: »Eine Bürde! Du weiß also nicht, dass ich eine Bürde trage [...]. Jahrelang habe ich eine Bürde getragen.«

Die Nacht bricht herein und ihre Mutter nimmt die kleine Violette mit zum Haus der großbürgerlichen Familie:

> »Ich sah den Flüchtigen wieder. Er las. Als ob er dem Boulevard Poterne ganz fremd geworden wäre. Es war ein Wunder, dass er hierhergekommen war. Die Hausangestellten deckten den Tisch. Es standen Blumen auf dem Tisch. Ich betrachtete diese neue Welt.
>
> Sie sagte zu mir:
>
> – Das ist dein Tisch, das sind deine Stühle, deine Bilder, deine Sessel, dein Kamin, deine Blumen, dein Lüster, dein Teller, dein Glas...
>
> – Ich brauche das alles nicht.
>
> – Komm! Wir gehen rein, Dummerchen!«[45]
>
> Eine andere, nicht minder abstoßende Szene: Der Vater des tuberkulösen Feiglings, eine angesehene Person in der Stadt, sitzt auf einem Stuhl in einem Park, wo in einem Musikpavillon ein Konzert gege-

---

45 Violette Leduc: *L'Asphyxie*. Paris 1988. S. 46f.

ben wird. Gott und die Welt kommen und schütteln ihm die Hand. Violette erkennt ihn wieder: Es ist der alte Mann, der jedes Mal, wenn er ihr begegnet, die Straßenseite wechselt und sie »schräg« ansieht, »wie ein auf frischer Tat ertapptes Tier«. Ihre Mutter bittet sie, ein bisschen weiter entfernt zu spielen, sie allein zu lassen. Sie hört ihr Schluchzen: »Es war ein lauter, undurchdringlicher Kummer. Er trug die Substanz des Wesens in sich, das ihn hervorbrachte. Er trug den Zorn, die Empörung, das Scheitern und die Reue in sich.«[46]

Der Schmerz, die Wut, die verzweifelte Raserei ihrer Mutter erstaunten, »versteinerten« sie.

Erstickten sie. Sie wollte ihrem Schicksal entfliehen, es verwandeln, eine andere werden.[47]

---

46 Ebd. S. 49f.

47 Chantal Jaquets (*Les Transclasses ou la non-reproduction.* Paris 2014) Vorschlag, den Begriff der Klassenflüchtigen [*transfuge*] durch den der Klassenwechsler [*transclasse*] zu ersetzen weil dieser Begriff ihrer Ansicht nach den doppelten Vorzug, einen größeren Umfang zu haben und kein Werturteil zu enthalten (man überschreitet die Grenze einer Welt zu einer andern, ohne notwendig aus seiner ursprünglichen Welt zu »fliehen«), scheint mir daher den zu beschreibenden Prozess zu entsoziologisieren und zu entpolitisieren. All die Autor_innen, auf die ich mich in *Rückkehr nach Reims* beziehe, äußern ihren Wunsch zu fliehen, anders zu werden. Es geht hier nicht um eine bloße Evolution, um ein ruhiges Fortschreiten, sondern um einen Kampf mit der sozialen Welt und mit unseren Möglichkeiten und Unmöglichkeiten, an die sie uns ständig erinnert. In einer sozialen Welt gibt es objektive Hierarchien und von einem unterdrückten Raum in einen weniger unterdrückten Raum überzugehen, setzt voraus, dass man den Willen dazu hat und dass man an diesem Willen festhält.

V.

Violette Leduc verbrachte ihre Kindheit in Armut. Und sie macht es sich zum Ziel, dieser Armut zu entfliehen. Aus der schwierigen ökonomischen Situation ihrer Kindheit, aus dem Gefühl, isoliert zu sein, versucht Leduc auf zwei verschiedene Weisen auszubrechen, die häufig die Wege markieren, die den Klassenflüchtigen verlockend erscheinen: Durch das Streben nach Luxus und durch das Streben nach Kultiviertheit. Ich unterscheide diese beiden Bestrebungen, die ohne weiteres, zumindest zeitweise, nebeneinander vorkommen können. Und genau das ist beispielsweise bei Leduc der Fall, die erzählt, dass sie sich »den Pariser Luxus« wünscht, sich »sogar danach sehnt«. Obwohl Paris ihr längst den Zugang zu Literatur und Kultur verschaffte, gesteht sie: »Neid. Das ist ein blau-türkises Leiden«.

1. Das Annehmen der Werte der herrschenden Klasse. Sie hat das Verlangen, luxuriöse Kleidung zu tragen und wird sich – im Schlussverkauf – ein Kleid bei Schiaparelli kaufen. Sie beschreibt ihre Unbeholfenheit und ihr Gefühl, nicht dazuzugehören, wenn sie sich inmitten der gehobenen Gesellschaft wiederfindet, in einem jener Tempel des Pariser Großbürgertums, in einer jener Boutiquen der großen Pariser Modeschöpfer. Sie glaubt, dass die Verkäuferin sie verächtlich ansieht, als ob ihre Anwesenheit an diesen Orten albern oder deplatziert wäre, als ob sich in ihrem Gesicht das bescheidene Appartement abzeichnen würde, das sie mit ihrer Freundin Hermine bewohnt. Sie hat nicht viel Geld und kann sich nur ein Kostüm leisten, das sie von da an zu oft und

zu lange trägt, als ob es ihre Alltagskleidung wäre. Sie geht auch in die Friseursalons, in denen man sich um die Reichen und Berühmten kümmert. Sie phantasiert von der Mode, von der konventionellen Schönheit, von der Welt der »Eleganten«, die sich in Gebieten bewegen, von denen ihr die Frauenmagazine jene Bilder liefern, die sie träumen lassen.

2. Doch das ist nicht der Weg, den sie bereits ganz früh eingeschlagen hat: der Weg des Eintritts in die Kultur. »Lerne, sagte mir meine Mutter, ich will nicht, dass du so an Bildungsmangel leidest, wie ich daran gelitten habe.« Später, als ihre Mutter, die gerade geheiratet hat, nach Paris zieht, besteht sie erneut darauf, dass sich ihre Tochter einem Beruf zuwendet, der für sie erreichbar ist und ihr erlaubt, anständig zu leben: »Werde Lehrerin, flehte meine Mutter. [...] Ich solle bei Schulbeginn ins Racine-Gymnasium gehen. Wenn ich nicht Lehrerin würde, so würde mein Alter ihrer armseligen Kindheit gleichen.« Es fällt ihr aber nicht leicht, dem Unterricht zu folgen, als sie sich im Lycée Racine, in der Nähe des Bahnhofs Saint-Lazare, in einer Klasse mit anderen Schülerinnen wiederfindet, die in ihrer Wahrnehmung (weil sie einer gehobeneren Schicht angehören) über ein deutlich höheres schulisches Niveau verfügen: »Das Niveau des Unterrichts erschreckte mich, in allen Fächern nahm ich wieder meinen Platz in der letzten Reihe ein, außer in den ausländischen Literaturen. Die Intelligenz, die Eleganz, die gekonnte Geschminktheit einer Schülerin entsetzten mich während des Unterrichts in Naturwissenschaften und Mathematik. Ich brach zusammen, wenn ich etwas gefragt wurde, die schulischen Voltigierkünste

machten mich zu einer Null. Man lachte über mein Gesicht, meine Ignoranz, meine Schüchternheit. Ich lernte in den Nächten, mit dem Ergebnis, dass ich immer weniger mitkam.«[48]

Sie verfehlt ihren qualifizierten Sekundärabschluss. Sie muss sich Arbeit suchen. Sie findet Arbeit in einem Verlag: Ihre Aufgabe besteht darin, eine Art Pressekatalog für die bei *Plon* erschienenen Bücher zu erstellen.

Ihre Begeisterung für Bücher und ihre Leidenschaft für Literatur sollten sie retten. Sie waren ihr schon lange eigen. Sie hatte gerade das Kindesalter verlassen, als sie, während sie in Arras über den Hauptplatz spazierte und das Schaufenster einer Buchhandlung betrachtete, »angezogen [wurde], verhext von den gelben Einbänden der Ausgaben des *Mercure de France*, von den weißen Einbänden der Ausgaben von Gallimard.« Sie liest die ganze Nacht hindurch Tolstoi und Dostojewski und will Buchhändlerin werden (dieser Beruf symbolisiert für sie die Freiheit: »Ich werde nicht heiraten! Ich werde Buchhändlerin!«, antwortet sie ihrer Mutter, die ihr einen potentiellen künftigen Ehemann zeigt).

Die Ankunft in Paris erlaubt ihr, sich zur Entdeckung der mythischen Orte dieser Hauptstadt der literarischen und intellektuellen Welt aufzumachen, von denen sie so viel gelesen hat. Nach und nach versucht sie, an dieser Welt teilzuhaben. Der Boulevard Saint-Michel, die Sorbonne (»Die Sorbonne. Ich rede laut mit mir, wenn ich beeindruckt bin. Die Sorbonne.«). Sie ist verzaubert

---

48 Violette Leduc: *Die Bastardin*. Übers. v. Walter Tiel. München 1978. S. 59, 110, 114.

von all denen, die sie für die rechtmäßigen Bewohner dieser Orte hält: »Würde ich's eines Tages wagen, Pommes frites aus einer Schachtel zu knabbern, wie das all die jungen Leute tun, nur zwei Schritte von ihren Studien entfernt?« Der Jardin du Luxembourg, die Fontaine Medicis, die Ruinen des Jardin de Cluny, der Boulevard Saint-Germain, das Schaufenster von *Presses universitaires*, vor dem sie steht und davon träumt, wie sie auf ihrem Rücken, auf ihren Schultern all jene Bücher über Philosophie, über Psychologie und die Wissenschaften davonträgt, die Bände der Reihe *Collection Garnier*, deren Titel sie »in langen Zügen trank«.[49]

Es ist eine zweite Geburt: Die Verfluchte, die Verdammte, das arme junge Mädchen gibt sich nicht mehr damit zufrieden, nur aufzusteigen. Sie will selbst entscheiden, was sie ist und was sie sein wird: »Ich, die in Arras Geborene, bin nun hier in Paris geboren.«[50]

Häufig besucht sie die Buchhandlung und Bibliothek von Adrienne Monnier, in der Rue de l'Odéon: Sie leiht sich dort Bücher aus, bringt sie zurück, fasziniert von all den Neuheiten – Bücher, Zeitschriften, Broschüren und vieles mehr – die auf einem langen Tisch aufgereiht sind. Erstaunt erfährt sie aus dem Mund der Buchhändlerin, dass Gide am Vorabend für eine Lesung zugegen war: »Adrienne Monnier ließ mich eine verbotene Welt erahnen, die ich mir nicht einmal hätte vorstellen können.« Sie ist von ihren Gefühlen überwältigt. Sie ist von nun an

---

49 Ebd. S. 60, 69, 112, 111.
50 Ebd. S. 194.

Stammgast an einem Ort, an dem ihr Paul Valéry, Léon-Paul Farge begegnen könnten...

Später betritt sie diese »verbotene« Welt, von der sie so sehr wünschte, dass sich ihre Tore öffneten und sie schließt Freundschaft mit Beauvoir, mit Genet und auch mit anderen. Beauvoir half ihr, unterstützte und finanzierte sie. Genet, ein weiterer Bastard, ein verlassenes Kind, erschien ihr wie eine wundersame Persönlichkeit, weil er ein soziales Wunder ist: »Genet ist auf die Erde herabgestiegen, er rächt mich. Er hütete die Herde seiner Pflegeeltern... Er ist nicht zu Schule gegangen... doch er kennt... mit seinem Stock und seiner Kapuze... die Geheimnisse der Schönheit.«[51]

Dass sie nun zum literarischen und intellektuellen Milieu zählte, in das einzutreten sie so oft geträumt hatte, hielt sie in keiner Weise davon ab, sich unterlegen und unangebracht zu fühlen und ihren Mangel an kultureller Sicherheit und Leichtigkeit überallhin mitzuschleppen. Sie wird das Gefühl, am falschen Platz zu sein, nie ganz loswerden, nicht einmal im Gespräch mit Freund_innen, die sie zum Abendessen eingeladen haben, weil sie ihre Bücher mochten: »Ich sagte mir: Ich bin die arme Verwandte, die man eingeladen hat.« Sie fragt sich: »Warum

---

51 Violette Leduc: *La Folie en tête*. Paris 1970. S. 125. Es gilt hervorzuheben, welche Rolle Sartre und Beauvoir dabei spielten: Sartre schrieb mit seinem monumentalen *Saint Genet* ein »Vorwort« für Genet, Beauvoir hingegen unterstützte Leduc unablässig dabei, ihre Bücher zu veröffentlichen, die sich nicht verkauften, und verhalf ihr schließlich zum Erfolg, indem sie ein Vorwort für *Die Bastardin* verfasste. Ist es zu viel gesagt, diese Großzügigkeit selten und bewundernswert zu nennen?

esse ich mit ihnen? Ich habe nie Taine gelesen, ich habe keine Ahnung von Husserl.« Sie geht dennoch hin. Doch sie war der Meinung, dass sie »nicht zu ihnen gehört, obwohl sie ihnen nahesteht«. »Sie verunsichern mich mit ihrer Kultiviertheit, mit ihren geistreichen Bemerkungen [...]. Sie schüchtern mich ein.«[52]

VI.

Man sieht sie vor sich: Die Bastardin, die Tochter einer Bediensteten, muss weiter mit dem einst gesprochenen Schuldspruch ringen, der sie zu dem gemacht hat, was sie ist und von dem sie sich nicht lösen kann. Sich selbst zu erfinden, sich neu zu erfinden, ist keine einfache Sache. Es ist nahezu unmöglich. Die Verachtung der anderen überwältigt sie, verletzt sie, schnürt ihr unablässig die Luft ab. Sie will sich der Verachtung entziehen, aber es fällt ihr nicht leicht, weil sie in ihr selbst liegt, mehr noch vielleicht als in den anderen. Der Kampf spielt sich auch in ihrem Inneren ab. Sie ist sich dessen jedoch bewusst: »Ich wollte mir heraushelfen. Heraushelfen aus was? Aus der Verachtung der anderen, die ich mir einbildete.«[53]

»Die Bastarde sind verflucht. [...] Warum helfen die Bastarde einander nicht? Warum fliehen sie einander? Warum verabscheuen sie einander? Warum bilden sie nicht eine Bruderschaft? Sie sollten einander alles verzeihen, da sie all das gemeinsam haben, was in ihnen am Kostbarstem, am Zerbrechlichsten, am Stärksten, am

---

52 Ebd. S. 243f.

53 Violette Leduc: *Die Bastardin.* Übers. v. Walter Tiel. München 1978. S. 411.

Finstersten ist: eine wie ein alter Apfelbaum gewundene Kindheit. Warum gibt es keine Heiratsagenturen, damit sie sich untereinander vermählen? Ich möchte in feurigen Buchstaben geschrieben sehen: ›Bäckerei für Bastarde‹. Auf diese blöde Weise würde es mich nicht mehr im Halse würgen, wenn man sage: ›Geben Sie mir einen Bastard...‹«[54]

Was für ein hervorragender Satz über die »gewundenen Kindheiten« und über die Hartnäckigkeit der Stigmatisierung, die als die Einschreibung des Selbst in die Welt erlebt wird, als die Beziehung zur Welt und zu sich selbst! Was für ein hervorragender Satz auch über die Bäckerei und über jene Sorte von Baguettes, die man »Bastarde« nennt: Wenn ein_e Kund_in dieses unschuldige Wort ausspricht, um Brot zu kaufen, steigt plötzlich die Scham in die Wangen der- oder desjenigen, die oder der sich von diesem Querschläger getroffen fühlt. Dieser Zug lässt sich verallgemeinern: Welche homosexuelle Person erinnert sich beispielsweise nicht, wenn sie ihre Geschichte ein gewisses Stück weit zurück verfolgt, wie sie rot geworden oder erblasst ist, wenn jemand in ihrer Gegenwart von Homosexualität gesprochen hat, als ob man direkt mit dem Finger auf sie oder ihn gezeigt hätte und sie angeschrien hätte: »du warmer Bruder da« oder »du Lesbe dort«?

Und wie viele von denen, die eine gewundene Kindheit und eine gewundene Jugend verbracht haben, weil auf die eine oder andere Weise ein »Fluch« auf ihnen lastete, haben ihr Leben damit zugebracht, dieses Stigma der

---

54 Ebd. S. 50f.

Schmach so gut sie konnten zu verbergen, zu verneinen und auszulöschen und sich, indem sie sich unauffällig verhielten, unsichtbar zu machen? Und wie viele andere oder wie viele derselben haben später, im Gegensatz dazu, die Kraft gehabt, es zur Schau zu stellen, es zu verkünden, es einzufordern? Letztere werden versuchen, sich zu organisieren, um sich gegenseitig zu helfen, um mehr oder weniger sichtbare Formen der Solidarität und der wechselseitigen Unterstützung aufzubauen.[55]

Lässt sich auch eine Bewegung der Bastard_innen vorstellen? Eine Bewegung, die sagt »*Bastard is great*«, »*Bastard is beautiful*«, die eine »*Bastard Pride Parade*« organisiert? Wie könnte sie entstehen? Wenn die Bastard_innen sich für sich und für einander schämen, wie können sie sich dann versammeln?

Die Scham vereinzelt! Wir wissen es bereits. Genet hat es in erschütternden Worten gesagt, in seinen 1954 in *Les Temps modernes* veröffentlichten »Fragmenten«, die Leduc offensichtlich gelesen hatte. Man verabscheut sich selbst und deshalb verabscheut man die anderen, die nur ein anderes Selbst sind. Und selbst wenn man das Verlangen verspürt und es schafft, den Mut und die Entschlossenheit aufzubringen, so fällt es doch nie leicht, die schamhafte Einsamkeit zu verlassen und an einer aktiven und militanten Solidarität teilzuhaben, wie klein sie auch sein mag. Wie kann man also von der »Serialität« zur

---

55 Zum Stigma, zu den diskreditierten oder diskreditierbaren Identitäten und zu den verschiedenen Weisen, mit ihnen umzugehen, mit ihnen »klarzukommen«, vgl.: Erving Goffman: *Stigma. Über Techniken der Bewältigung beschädigter Identität.* Übers. v. Frigga Haug. Frankfurt am Main 2010.

»Gruppe« übergehen, um Sartres Vokabular aufzugreifen? Unter welchen Bedingungen können sich bestimmte serielle Kollektive – Individuen, die einander insofern gleichen, als sie sich nebeneinander in derselben Situation befinden und auf passive Weise von außen diese Definition ihrer selbst empfangen – als mobilisierte »Gruppen« konstituieren, in denen sie gemeinsam handeln? Können sich bestimmte »serielle Kollektive« leichter als Gruppen konstituieren als andere? Was sind die Bedingungen dafür und bis zu welchem Grad müssen bestimmte objektive Beziehungen in der objektiven Realität der sozialen Welt gegeben sein, damit die performative Setzung einer Gruppe als einer Gruppe, die sich selbst konstituiert, möglich wird? Das ist die Frage der Politik.

Wenn Arbeiter_innen in derselben Fabrik arbeiten oder dieselben Arbeitsbedingungen teilen, mag die Konstituierung als »Gruppe« selbstverständlich erscheinen: Forderungen, Streiks, Demonstrationen; Schaffung von dauerhaften Vereinigungen und Gewerkschaften, um die Interessen und Rechte der Arbeiter_innen zu verteidigen; Schaffung von Parteien, um sie im politischen Raum zu repräsentieren; Ausarbeitung von Theorien, die diese in der Praxis existierende Gruppe mithilfe der Vorstellung von »Klassen« und von einem »Klassenkampf« in der Gesellschaft verankern, um den konkreten Konflikten gerecht zu werden und um ihnen eine historische Bedeutung zu verleihen (darum bemühten sich zahlreiche sozialistische Denker_innen, und natürlich derjenige, der sie alle übertreffen sollte, Karl Marx. Und deswegen entwickelte Durkheim seine Moral der Ordnung und des Gesellschaftsbandes sowohl gegen den ökonomischen

Liberalismus als auch gegen den Marxismus, indem er beiden Positionen die Vorstellung der »Kooperationen« entgegenhielt, die Arbeiter_innen und Arbeitgeber_innen desselben Berufszweiges in einem Friedenspakt vereinen und so der von den sozialen Konflikten hervorgerufenen Unordnung ein Ende setzen sollten). Aber diese Quasi-Selbstverständlichkeit des Übergangs von der Serialität zur Gruppe – deren Evidenz nichtsdestoweniger verschwinden kann, sobald der Diskurs, der sie trägt, verstummt – ist schon weniger deutlich, wenn man nicht mehr nur an die Arbeiter_innen in ihren Arbeitsstätten, sondern auch an die Arbeitslosen und Prekären denkt (deren »Vereinigung« nicht durch Situationen des Alltagslebens gegeben ist und daher gegen die räumliche, physische, aber auch psychische Trennung errungen werden muss, die mit der Abwesenheit von Arbeit und dem Zerfall der beruflichen Strukturen einhergehen). Dasselbe gilt *a fortiori* für die »Bastard_innen«: Wie können sie sich vereinen und versammeln? Wer ergreift die Initiative zu einer solchen Bewegung?

Tatsächlich wird einem die Existenz von »seriellen Kollektiven«, also von Individuen, die durch dieselbe Form der Unterdrückung miteinander verbunden sind, sie aber isoliert voneinander wahrnehmen und erleben – ein Schweigen oder ein Quasi-Schweigen, zumindest ein Schweigen in der Öffentlichkeit, das Wort bleibt auf die Klage im privaten Raum beschränkt –, erst dann bewusst, wenn sich eine Gruppe bildet, um ein »Wir« zu werden, das sich als »Wir« manifestiert. In diesem Sinn geht die »Gruppe« der »Serialität« voraus, denn die Serialität erscheint erst dann als solche, wenn die »Gruppe«

sie uns und sich selbst vor Augen führt. Die Serialität wäre also eine rückwirkend durch die Mobilisierung bestimmte Realität, die, indem sie ein Stück erlebte Erfahrung politisiert, das bezeichnet, was latent darauf wartete, in einem Akt der Selbstsetzung formuliert zu werden. Man wird bemerken, dass viele Diskurse (in der Literatur, in Autobiographien usw.) diese Entwicklung bereits vorweggenommen hatten, dass sich in der jüngeren oder älteren Geschichte Episoden finden lassen, die man in diesem Licht interpretieren kann. Ein Vorläufer ist, wie Georges Canguilhem anmerkt, jemand, von dem man danach weiß, dass er zuvorgekommen ist. Jede Bewegung, die sich erfindet, begibt sich auf die Suche nach ihren Vorläufer_innen. Es gilt daher, mit allen Mitteln zu versuchen, die Vergangenheit aus diesem neuen Blickwinkel neu zu lesen. Die »*bastard studies*« werden beispielsweise die Wissenslücken füllen, indem sie in verschiedenen Feldern die Spuren dessen wiederfinden, was von nun an den Anspruch auf eine Präsenz in der Gegenwart und auf eine historische Genealogie erhebt. Es geht darum, eine Vergangenheit auszugraben, die nur durch eine konstituierende – performative – Kraft als Vergangenheit an der Wirklichkeit teilhaben kann, an der neu von einem politischen Diskurs hervorgebrachten Gegenwart. »Die Archäologie eines Schweigens« zu betreiben, wie Foucault in Bezug auf den Wahnsinn sagt, über den die »Vernunft« – das heißt, für Foucault, die Ideologie oder die herrschende Moral – die längste Zeit monologisierte, bedeutet einerseits, den Augenblick wiederzufinden, in dem die Unterdrückten zum Schweigen gebracht wurden und sich verbergen mussten. Es bedeutet aber auch, das »Raunen« eines Schattenvolkes wiederzufinden, von dem man hofft, dass es ans Licht und öffentlich zu Wort kommen wird.

Der Vorstellung, es ließe sich eine Solidarität zwischen Bastard_innen erzeugen, die eigene Organisationen, Institutionen, Treffpunkte und Orte der Geselligkeit erschafft (die hier durch die »Ehevermittlungsagenturen« und die »Bäckereien« symbolisiert werden, in denen es jede_r freisteht, das zu sein, was sie ist, ohne von der Scham heimgesucht zu werden, wenn der schandhafte und schmerzvolle Name ausgesprochen wird), wird man spontan eher skeptisch begegnen. Haben wir hier nur eine schöne Idee vor uns, die nie über das Stadium einer Träumerei hinauskommen wird? »Gebrochen geboren« zu sein und »auf das Schweigen reduziert« worden zu sein, bevor man überhaupt nur geboren ist, hilft sicherlich nicht dabei, das Wort zu ergreifen. Oder handelt es sich dabei ganz im Gegenteil doch um Voraussetzungen für das Ergreifen des Wortes, handelt es sich dabei letztlich doch um einen Handlungsantrieb? Ist es doch eine Triebfeder für die Revolte und den Willen, die Dinge in Bewegung zu versetzen? Wenn das »Ersticken« letztlich doch die Verweigerung (»es reicht«) provozieren sollte, den Schrei, den Aufruhr...

Wie viele Bewegungen wurden nicht schon nach diesem Modell geboren! Individuen versammeln sich – durch Versammlungen mit nur wenigen Teilnehmer_innen, durch Verbände, durch Schriften ganz unterschiedlicher Gattungen, durch Listen, durch Tagungen, durch Demonstrationen usw. –, um sich als aktive Subjekte ihrer Diskurse und ihrer Entscheidungen – ihrer

Rechte – und nicht einfach nur als passive Objekte der Diskurse der anderen zu setzen. Die Bewegungen der »Transgender« und der »Intersexuellen« sind hervorragende Beispiele dafür: Wer hätte vor dreißig Jahren gedacht, dass derartige Mobilisierungen möglich wären? Sobald sie einmal nicht nur möglich, sondern sogar sehr wirklich geworden sind, haben diese Bewegungen ihre Existenz allen ins Bewusstsein gezwungen und alle bereits etablierten Bewegungen müssen sie jetzt berücksichtigen und sich selbst neu erfinden, indem sie ihre Grenzen, ihre Forderungen und ihre Theorien neu ausloten. Und die Historiker_innen machen es sich zur Aufgabe, die Geburt der Bewegung zu rekonstruieren, ihre ersten Erscheinungen und Interventionen, aber auch ihre Schwierigkeiten, ihre (unvermeidbaren) inneren Streitigkeiten und ihre weiteren Entwicklungen...

Dasselbe war früher bei der feministischen und bei der schwulen und lesbischen Bewegung der Fall.[56] Es ist abgesehen davon erstaunlich, dass die neuen Bewegungen, die unbekannten Diskurse häufig aus einer Unzufriedenheit heraus geboren werden, die die bereits bestehenden Bewegungen bei manchen Menschen auslösen: Sie können sich in ihnen nicht vollständig wiederfinden, weil ihre Besonderheit nicht hinreichend berücksichtigt wird, obwohl sie auch nicht vollständig ignoriert oder verneint wird. Tatsächlich ist der Ort, an dem eine neue Serialität

---

[56] Vgl. beispielsweise einen 1990 von Martin Duberman, Martha Vicinus und George Chauncey herausgegebenen Sammelband mit dem Titel: *Hidden from History. Reclaiming the Gay and Lesbian Past.* New York 1990.

entstehen kann, häufig eine Gruppe, die sich zuvor selbst aus einer Serialität herausgestellt hat, in deren Mitte oder an deren Seite aber diejenigen, die an ihr teilhaben oder auch nur teilhaben wollen, in Bezug auf einen Teil dessen, was sie ausmacht, in den Zustand einer Serialität versetzt werden. Es scheint ihnen notwendig, die Definition der »Gruppe« zu reformulieren, damit sie auch diejenigen mit einbezieht, die sich vernachlässigt fühlen (ob sie nun im Innern oder im Äußeren der Gruppe existieren), oder auch neue »Gruppen« zu gründen, damit diejenigen zur Sprache kommen, die bisher nicht gesprochen haben.

Simone de Beauvoir hat sich, noch vor Sartre, der nur das Vokabular geprägt hat, schon 1949 in ihrer Einleitung zu *Das andere Geschlecht* mit der Frage der Konstituierung von »Gruppen« der Serialisierung beschäftigt. Sie hat sich gefragt, warum es keine Frauenbewegung gibt, so wie es eine Arbeiterbewegung, eine schwarze Bürgerrechtsbewegung usw. gibt. Sie hat sich gefragt, warum die Frauen nicht »wir« sagen. Und sie durchsuchte die Geschichte, die Literatur, Diskurse aus verschiedenen Gebieten des Wissens oder des Pseudo-Wissens, um diese Situation des »Vasallentums« der Frauen zu verstehen (das, was sie in ihrem existentialistischen Vokabular die »Immanenz« nennt, also die Situation, in der man gefangen ist, den Zustand, den man sieht, die Wirklichkeit, die historisch geworden ist und die sich uns aufdrängt und dem sie die »Transzendenz« gegenüberstellt, also die Freiheit, die sich auf die Zukunft hin entwirft, um die »gewordene« und gegebene Situation zu überschreiten, sie in eine andere zu verwandeln).[57]

Wie sie mit einer gewissen Verbitterung am Anfang von *Das andere Geschlecht* bemerkt, besteht eines der Hindernisse für die Entstehung einer solchen Bewegung darin, dass die Frauen den bereits etablierten Formen von Solidarität unbedingt den Vorzug gewähren. Die Frauen der Arbeiterklasse sind in erster Linie mit den Arbeitern solidarisch und kämpfen mit ihnen. Die schwarzen Frauen geben ohne Zögern der Solidarität mit ihren schwarzen Brüdern und dem antirassistischen Kampf den Vorzug. Auf diese Art bleiben andere Prinzipien der politischen Selbstwahrnehmung, andere Formen des Verstehens vorherrschend. Darin besteht nach Beauvoir einer der Mechanismen, durch den Frauen ihre Unterdrückung als Frauen akzeptieren (weil sie ihre Unterlegenheit gegenüber Männern in ihrem jeweiligen Milieu nicht in Frage stellen). Und daraus entsteht für Beauvoir die Notwendigkeit einer neuen Bewegung. Zu diesem Zweck muss sich die Möglichkeit eines neuen »Wir« aufdrängen und Frauen aus verschiedenen ökonomischen, sozialen und politischen Kategorien müssen sich vereinen, indem sie die Schranken der Klasse und der Rassifizierung, die sie voneinander trennen, überwinden.

Und nicht anders würde es sich verhalten, wollte man eine Bewegung von Bastard_innen initiieren, eine Bewegung, die aus einer Erhebung der unterdrückten Subjekte hervorgehen müsste, mit dem Zweck, sich aus

57 Ich gebrauche, wie man sehen kann, dasselbe Vokabular – Immanenz und Transzendenz –, allerdings auf umgekehrte Weise.

dem Zustand des individuellen und isolierten Widerstands zu befreien: Sie würde erfordern, dass sich die Prinzipien ändern, nach denen die soziale Welt eingeteilt wird und nach denen die politischen Aktionen organisiert sind. Und sie würde erfordern, dass die neuen Prinzipien sich mit den alten verbinden (oder zumindest verbinden können). Das Feld des Politischen zu erweitern, setzt freilich voraus, dass der etablierte Rahmen des Politikverständnisses aufgelöst wird. Nur so können Herrschaftsformen, die bis dahin nicht anerkannt waren und Formen des Widerstands, die bis dahin keinen organisatorischen und intellektuellen Platz hatten, eingeführt werden – was freilich immer auf erbitterten Widerstand stößt (die feministische Bewegung, die schwule und die lesbische Bewegung sind auf solche Widerstände gestoßen, nicht nur seitens der konservativen Rechten, die die traditionelle Ordnung zu verteidigen sucht, sondern ebenso seitens der nicht minder konservativen marxistischen und christlichen Linken und der linken Arbeiterschaft).

Eine Bewegung der Bastard_innen müsste sich zunächst auf eine Vereinigung von Bastard_innen verschiedener Klassen gründen, von weißen Bastard_innen und von Bastard_innen »of colour« usw. Danach wird sich natürlich, ebenso wie bei der feministischen und bei der schwarzen Bewegung die Frage der Differenzierung der Kategorien von Gender, Klasse und Rassifizierung stellen (eine schwarze, immigrierte Bastardin, die als Bedienstete arbeitet oder arm ist, ist mit spezifischen Problemen konfrontiert, deren Berücksichtigung, wenn man sich auf das Analysemodell von Kimberlé Crenshaw bezieht, uns weder zwingt, das Konzept der Identität aufzugeben, noch es in die allzu unbestimmten Begriffe einer multiplen Identität oder einer pluralen Identität aufzulösen. Ausgehend von den Identitäten, die am meisten unterdrückt sind, weil sie doppelt und dreifach benachteiligt werden, lässt sie uns, ganz im Gegenteil, hinterfragen, was die verschiedenen Bewegungen (bei Crenshaw: die antirassistische Bewegung auf der einen und die feministische Bewegung auf der anderen Seite) vernachlässigen. Und sie lässt uns die kollektiven Kategorisierungen neu konstruieren und formulieren).

VII.

Leduc ist keine Aktivistin, keine Kämpferin. Sie kennt ihre eigene Zerbrechlichkeit, ihre eigene Schwäche. Sie ist unglücklich. Sie beklagt sich. Sie seufzt mehr als dass sie aufbegehrt. Der Kontrast zu Beauvoir in dieser Hinsicht spricht Bände: Der gesellschaftliche Ursprung der letzteren, ihre universitäre Laufbahn, ihre emotionalen, freundschaftlichen und intellektuellen Verbindungen, die sie durch diese beiden Faktoren schon sehr früh knüpfen konnte, verliehen ihr eine Kraft, eine Energie und ein Format, das Leduc immer nur bewundern und beneiden, nie aber erreichen konnte, so sehr sie sich auch bemühte.

Ihren Kampf trägt sie in ihren Büchern aus, mit ihren bewundernswerten Beschreibungen der Mechanismen der Unterwerfung und der Erniedrigung. Sie untersucht, sie macht erfahrbar und spürbar, wie die gesellschaftlichen Mächte wirken: Sie produzieren die Beleidigung, die Verachtung und die Scham ebenso wie die Angst und nicht zuletzt das Leid, den Schmerz und den

Wahnsinn. So persönlich, so intim ihre Literatur auch sein mag, sie ist in höchstem Maße soziologisch und politisch. Äußerst präzise analysiert sie die Rolle der Beleidigung als Ausdruck einer gesellschaftlichen Struktur und einer politischen Geschichte, als Urteil und Verdammung derjenigen, die sie auf dem großen Feld der »morschen« Identitäten ausmacht und verortet (»*spoiled identites*«, wie es der englische Untertitel des Buches von Goffman will). Sie liefert eine feinsinnige Beschreibung der Konsequenzen von Stigmatisierung und Erniedrigung.

Einmal ausgesprochen verfehlt die Beleidigung niemals ihr Ziel, und auf eine gewisse Weise ist sie immer schon ausgesprochen und man entkommt ihrem Einfluss nie, selbst dann nicht, wenn man sie sich als einen Anker für die Selbstbejahung aneignet. Man kann sich also nie vollständig dagegen wehren, den Vorladungen der gesellschaftlichen und sexuellen Ordnung Folge zu leisten, denn es sind gerade diese Vorladungen, die uns konstituiert haben, die das herausgebildet haben, was ein_e jede_r von uns ist, und die auch weiterhin unsere Identitäten, unsere Subjektivitäten konstituieren und herausbilden. So leicht kann man die Last der Geschichte, die Macht der Sozialstrukturen, die bestimmt haben, was wir sind, und es auch weiterhin bestimmen, nicht abwerfen. In Wahrheit kann man sie überhaupt nicht abwerfen. Nichts hindert uns jedoch daran zu glauben, dass die selbstanalytische Arbeit, die Erkundung der Sedimente, die die Geschichte in uns abgelagert hat, in uns und außerhalb von uns wichtige Veränderungen bewirken kann, für uns und für all jene, die in uns etwas von sich wahrnehmen oder erkennen.

Die Schriften von Leduc, die dem Gebiet der Literatur entstammen, genauer gesagt dem Gebiet der autobiographischen Literatur, sind zugleich ausgesprochen raffinierte soziologische Selbstanalysen. Die Titel sprechen eine eindeutige Sprache: *Die Bastardin, La Folie en tête*, aber auch schon *L'Aspyhxie*, *L'Affamée, Ravages*. Dabei handelt es sich jedoch nicht um Selbstfiktionen, wie manchmal behauptet wird, denn sie versucht in diesen Büchern nicht nur ihr Leben zu erzählen und dafür eine neue und ausgefeilte literarische Form und einen ausgesprochen charakteristischen Stil zu finden. Sie will auch und vor allem die ökonomischen, sozialen, ideologischen und moralischen Gründe für dieses »Drama« ihrer Existenz, das ihre Bücher bezeugen, ans Licht bringen.

Violette Leduc, die Ethnologin und Soziologin ihrer selbst – und daher auch der sozialen Welt, die uns alle hervorgebracht hat.

Die Bücher von Leduc, *Das andere Geschlecht* von Simone de Beauvoir und auch eines ihrer letzten Werke *Das Alter* (sie hatte den Mut, sich mit immer neuen Problemen zu beschäftigen und zwar mit denen, die sie selbst am meisten berührten), die Essays und Romane von Monique Wittig (»La marque du genre« oder »La pensée straight«, *Le Corps lesbien...*) tragen allesamt Titel, die ankündigen und verkünden, dass es um ein Hinterfragen der Kategorien und der Kategorisierungen gehen wird, der Zuschreibungen von Identitäten und von Orten im Gefüge der Gesellschaftsordnung und in der Reproduktion der Geschlechterordnung, von stigmatisierten, herabgewürdigten und unterdrückten Orten. Diese Werke kündigen ein Programm an, man mag es literarisch, theoretisch oder politisch (oder alles zugleich) nennen: nämlich die Kategorien zu reflektieren und sich so gut es geht von ihnen loszulösen, wenn man schon nicht gänzlich aus ihnen ausbrechen kann (eine unmögliche Aufgabe).

Das Hinterfragen der Kategorien ist hier, wie so oft, in der persönlichen Erfahrung verankert, in der konfliktreichen Beziehung zu der Welt als solcher, in der man sich aus diesem oder jenem Grund unwohl fühlt. James Baldwin hat es auf den Punkt gebracht, mit einem Knall und mit viel Weitsicht: »Man schreibt nur über eine einzige Sache: über seine eigene Erfahrung.«

Das Schreiben der Unterdrückten, der Subalternen, der Stigmatisierten, der Emigrant_innen, der Exilierten usw. ist meistens, und ich würde fast sagen notwendigerweise, ein Projekt der Selbstanalyse, in dem Sinn, dass es ihm darum geht, die Effekte und die Formen der eigenen Unterdrückung zu untersuchen. In ihrer Studie zu Beauvoir schreibt Toril Moi, sie habe es sich zur Aufgabe gemacht, die Genealogie eines Subjekts zu schreiben, das Simone de Beauvoir ist.[58] Ich glaube allerdings, dass

---

58 Vgl.: Toril Moi: *Simone de Beauvoir: Die Psychographie einer Intellektuellen.* Übers. v. Ingrid Liebe. Frankfurt am Main 1996. In seinem Vorwort zu diesem Werk bedauert Pierre Bourdieu, dass der Mythos eine_r freien und schöpferischen Intellektuellen, den Beauvoir mit Sartre gemein habe, sie daran gehindert hat, in ihren *Memoiren* die Grundlagen ihrer literarischen »Berufung« objektiv zu begreifen, gerade so als hätte Sartre sein »philosophisches Vermögen« auf sie »übertragen«. Er führt weiter aus: »Es gibt keinen vollkommeneren Ausdruck der symbolischen Gewalt als die Tatsache, dass sie ihre Analyse der Beziehung zwischen Männern und Frauen niemals auf ihre eigene Beziehung zu Sartre angewandt hat.« Abgesehen davon, dass wir alle in unseren Analysen blinde Flecken haben, gerade in denjeni-

Beauvoir mit ihren Schriften im Grunde genau dasselbe tun wollte und zwar nicht nur in ihren *Memoiren*, sondern ebenso in *Das andere Geschlecht.* Es geht für sie nicht nur darum zu verstehen, warum die Frauen unterdrückt sind, sondern auch, warum sie diese Unterdrückung akzeptieren, warum sie sich damit zufrieden geben, immer an zweiter Stelle zu kommen (sie hatte überlegt, ihr Buch *Die Zweite* zu nennen). Wie werden sie zu Komplizinnen ihrer eigenen Unterwerfung? Im Grunde wäre es keine Übertreibung zu sagen, dass *Das andere Geschlecht* ebenfalls eine Selbstanalyse darstellt, bedenkt man nur, dass die beiden voluminösen Bände ihres großen Buches von 1949, die sich zu einer Erforschung der »Lage der Frauen« aufmachen, zugleich den Versuch enthalten, sich selbst zu verstehen, ihren Wunsch, nicht mehr den vorgeschriebenen Rollen des »ewig Weiblichen« zu entsprechen, ihrem Willen Ausdruck zu verleihen, nicht auch noch eine »Frau zu werden«, nachdem sie schon als Frau geboren war.

Man könnte also sagen, dass *L'Aspyhxie* und *Die Bastardin* mit *Das andere Geschlecht* ebenso verwandt sind, wie sie es, trotz all der Unterschiede, mit *Wahnsinn und Gesellschaft*, mit *Die feinen Unterschiede* und mit *Schwarze Haut, weiße Masken* sind: Es handelt sich um Selbstanalysen in dem dargelegten Sinn, also um Erforschungen der gesellschaftlichen Machtstrukturen, deren

---

gen, die am radikalsten sein sollen, kann man für Beauvoir ins Feld führen, dass sie dieses Phänomen in gewisser Weise in *Das andere Geschlecht* analysiert hat, auch wenn sie dort scheinbar nur über andere und nicht über sich selbst schreibt. Es ist ein historisch-politisches Buch und eine Selbstanalyse zugleich.

Opfer man selbst ist oder war und die man begreifen will, um sich so weit wie möglich von ihnen zu befreien, um den anderen dabei zu helfen, sich von ihnen zu befreien, oder um zumindest den Würgegriff zu lockern. Es geht in Wahrheit darum, besser Luft zu bekommen.

Die Bewegung der Bastard_innen, die Leduc heraufbeschwören wollte, ist nicht zustande gekommen. Aber die feministischen Bewegungen haben die von ihr erhobenen Forderungen übernommen. Und sie haben bedeutsame juristische Fortschritte gemacht.

Die Rechtslage hat sich vielfach verändert (allerdings erst nach dem Tode Leducs), so dass sich (zumindest in Frankreich) die Situation der »natürlichen« und der »illegitimen« Kinder und ihre gesellschaftliche Wahrnehmung radikal gewandelt hat. Diese juristischen Kategorien sind verschwunden. Das lässt zwar die Beleidigung nicht verschwinden, die weiterhin lebendig bleibt (auch wenn das Schimpfwort »Bastard« weitgehend eine Bedeutung angenommen hat, die nicht mehr auf das »Bastardsein« im Sinne Leducs bezogen ist), ebenso wenig wie sie die Gewalt und das Leid, das mit den gesellschaftlichen und moralischen Normen einhergeht, verschwinden lässt. Aber das Recht mildert die Effekte der moralischen Normen, sobald es sie nicht mehr stützt und es mindert die Schäden, die sie verursachen.

Für Violette Leduc ist dieser Wandel zu spät gekommen. Der »Wahnsinn«, der mit einem Fluch aus den Tiefen vergangener Zeiten verbunden ist, brach schon im Moment der Geburt über sie herein und ist über ihr Begehren auszubrechen und der Verurteilung zu entgehen, Herr geblieben. Sie hat nie aufgehört, gegen dieses

Urteil, das man eines Tages auf der Straße über sie gesprochen und das sie auf ewig verletzt hat, Berufung einzulegen. Es erneut zu überprüfen. Sich selbst zu untersuchen, um zu verstehen, was sie in den Zustand der Verzweiflung versetzt hat, in dem sie sich wiederfand. Sie hat ihre Stimme gegen die Ungerechtigkeit erhoben. Gegen das Unglück, gegen den Schmerz, den die soziale Welt bei all den Enteigneten, bei all den Stigmatisierten verursacht.

Und deswegen sind ihre Bücher große Bücher. Große politische Bücher.

4. Die abwesende Stimme. Zur Philosophie der Generalstände.[59]

I.

Ich möchte über das kritische Denken und allgemeiner noch über die Rolle der kritischen Aktivität in der gesellschaftlichen und politischen Praxis nachdenken. Das schließt notwendigerweise den Versuch mit ein, meine Sicht auf das Erbe und die Lebendigkeit einer ganzen intellektuellen Tradition darzulegen, die auch von der konservativen Revolution nicht völlig ausgelöscht werden konnte – trotz all der erbitterten Versuche, uns davon zu überzeugen, dass alles, was ihr angehört, seit langem tot und dem Vergessen anheimgegeben sei. Und es schließt ebenso den Versuch mit ein, meine Sicht auf jene konservative Revolution darzulegen, die Frankreich in den 80er und 90er Jahren erfasst hat und die während dieser Zeit und bis heute in so hohem Maße die Diskurse, die Haltungen und selbst die Mentalität der offiziellen Linken – der Parteien, der Regierungen, der Mächtigen und ihrer organischen Intellektuellen usw. – geprägt hat. Als Ausgangspunkt für dieses Unterfangen wähle ich einen kurzen und alles in allem zweitrangigen Text von Bourdieu – einige Seiten, die in einer aufgewühlten Situation

---

59 Dieser Text wurde zuerst im Rahmen des Kolloquiums *Pierre Bourdieu: l'insoumission en héritage*, das am 12.5.2012 in Paris, im *Théâtre de l'Europe-Odéon* ausgerichtet wurde, vorgetragen und anschließend auch in dem gleichnamigen Sammelband veröffentlicht (Paris 2013).

geschrieben wurden –, in dem aber vielleicht dennoch in kondensierter Form all das enthalten ist, was für uns die Aktualität und die Radikalität seines Ansatzes ausmacht.

Dieser im Mai 1968 verfasste Text trägt den Titel »Aufruf zur Bildung von Generalständen in Unterricht und Forschung«. Als er mir zum ersten Mal, in der postumen Sammlung politischer Schriften mit dem Titel *Interventionen* begegnete, habe ich ein gewisses Gefühl verspürt, dass sich bei jeder neuen Lektüre bestätigte.[60] Ja, ein Gefühl! Denn wenn das kritische Denken sich nicht auslöschen lässt, so liegt das auch daran, dass es nicht darauf beschränkt ist, Analysen zu produzieren und dadurch die objektiven Realitäten offenzulegen. Es vermittelt auch die Affekte, die uns in die Lage versetzen, die Kraft der in diesen Analysen enthaltenen Wahrheit unmittelbar zu begreifen und uns – im Namen dieser Affekte, die unser Verstehen und Begreifen ermöglichen – dem Versuch zu widersetzen, all jene Konzepte der sozialen Welt auszulöschen, die von Klasse, Herrschaft, Unterdrückung und Gewalt handeln. Ich fand, dass die Frage nach dem Recht der Unterdrückten, sich zu Wort zu melden, die Frage nach der Möglichkeit all derer, die nicht sprechen oder die man nicht hört, sich dennoch zu Wort zu melden, in diesem kurzen Manifest auf eine ebenso klare, wie scharfe und tiefsinnige Weise zum Ausdruck

---

60 Pierre Bourdieu: »Aufruf zur Bildung von Generalständen in Unterricht und Forschung.« In: *Interventionen 1961-2001. Bd. 1. 1961-1980.* Übers. v. Franz Hector u. Jürgen Bolder. S. 67-73. [Die folgenden Zitate aus diesem sehr kurzen Text sind teilweise leicht modifiziert und werden, ebenso wie im französischen Original, nicht mehr eigens ausgewiesen. Anm. d. Übers.]

kam. Wer ergreift das Wort? Wer kann das Wort ergreifen? Und wer spricht nicht, während andere das Wort ergreifen? Aber auch: Was sagen diejenigen, die nicht sprechen, wenn sie das Wort ergreifen? Ist die Sprache der Enteigneten nicht häufig eine Sprache, die dazu neigt, ihre Enteignung zu verfestigen? So viele Fragen und komplexe Themen, die sich hier ineinander verschränken und den Aufgabenhorizont bestimmen, in dem sich ein Denken einrichten muss, das beansprucht, kritisch und emanzipatorisch zu sein.

Wenn der Mai 1968 vom Ausbruch und von der Verbreitung eines Sprechens gekennzeichnet war, das die etablierte Ordnung in Frage stellt, so weist Bourdieu in Bezug auf die universitäre Ordnung, um die es in seinem »Aufruf« geht, vielmehr auf zwei Grundtatsachen hin, die angesichts der Weise, wie die Bewegung in Gang gekommen ist, leicht vernachlässigt oder vergessen werden können: dass nämlich 1.) diejenigen, die in erster Linie Opfer der Funktionsweise des Schul- und Universitätssystems geworden sind, nicht selbst da sind, um das Wort zu ergreifen, weil sie der Definition nach ausgeschlossen wurden und dass 2.) in der Konsequenz alle Kritik an der Universität, die sich nicht mit dieser fundamentalen Dimension des Schulsystems befasst, also mit der Tatsache, dass es als erbarmungsloser Mechanismus des Ausschlusses von Arbeiterkindern funktioniert, nicht nur das Entscheidende verfehlt, sondern sogar selbst zur Reproduktion dieser schulischen Ordnung beiträgt, deren Funktion darin zu bestehen scheint, die soziale Ordnung und den Klassengegensatz zu reproduzieren und zu legitimieren.

Bourdieu betont also, dass es nicht einfach nur darum gehen kann, sich zu versammeln, um bestimmten Forderungen Nachdruck zu verleihen, die sich in jedem Fall herausbilden oder herausbilden werden – die Generalstände hätten dann keine andere Funktion als die der Mobilisierung oder der Bestätigung der Mobilisierung –, sondern auch und vor allem darum, eine Versammlung zu organisieren, die so umfassend wie möglich ist, um »die *Lücken* aufzuzeigen, die jedes Programm, das innerhalb einer Institution von dessen Nutznießern festgelegt wird, mit großer Wahrscheinlichkeit aufweisen wird.« Deswegen ruft er auch »*alle* Gruppen, denen an einer demokratischen Veränderung der französischen Universität gelegen ist, dazu auf, die Grundlinien eines Programms zu entwerfen, und sofort einige Fakten und Hinweise für *alle* zur Diskussion zu stellen.« Offenkundig versucht er so zum einen, eine konservative und neutralisierende Vereinnahmung dieser großen systemkritischen Bewegung durch technokratische Diskurse zu vereiteln: Man kann anhand einer ganzen Reihe von Vorschlägen, die in diesem Text und in den folgenden Anhängen enthalten sind, erkennen, wie er die Analysen nutzen will, um die Verwandlung des Schulsystems anders zu denken als durch technokratische Maßnahmen, die nie die Funktionsweisen dieses Systems berühren, sondern sich damit begnügen, es umzugestalten und so zu erhalten. Zum anderen betont er den Umstand, dass die Diskurse über eine Veränderung des Systems, welche die Student_innen und Dozent_innen während ihren Versammlungen führen, sich nicht ihren uneingestandenen, und dennoch unverhohlenen Voraussetzung stellen: Sie werden von denen und nur von denen getragen, denen der Zugang zu diesem System vorbehalten ist.

Daher auch die Erwähnung, ich würde sogar sagen, die Anrufung, die diesen Text von vorne bis hinten heimsucht: eine Anrufung der »Stimmen« derjenigen, die in der universitären Debatte der »Nutznießer des Systems« nicht gehört werden, der Stimmen derjenigen also, die nicht da sind, weil sie nicht am universitären System teilhaben, und die daher ein Interesse daran haben, dass von diesem System gefordert wird, dass es sie integriert – dass es diejenigen integriert, die es seiner Aufgabe zufolge ausschließen soll, zumindest aber *de facto* systematisch ausschließt. Was freilich die ganze Problematik und folglich auch die ganze Diskussion, die Bourdieu führen will, verschiebt. Das Schulsystem wird (wie auch in seinen späteren Arbeiten zum Geschmacksurteil und zum Geschlechterverhältnis) zum Anhalts- und Artikulationspunkt für eine globale Analyse der Gesellschaftsstruktur. Wer damals von den Student_innen wie von einer neuen »revolutionären Klasse« sprach, die – in einer messianischen Prophetie – dazu berufen sei, eine allzu »verbürgerlichte« Klasse abzusetzen oder wer umgekehrt, damals wie heute, immer wieder behauptet, dass es überhaupt keine Klassen mehr gebe und dass unsere Gesellschaft seit den *Trente Glorieuses*,[61] den glorreichen dreißig Nachkriegsjahren von einer »Angleichung« der Existenzbedin-

61 Ein großer Mythos, der von bürgerlichen Ökonomen geprägt wurde, die sich nie mit der Schattenseite dieser Epoche beschäftigt haben, mit der ökonomischen, sozialen und politischen Gewalt gegenüber der Welt der Arbeiter_innen.

gungen gekennzeichnet sei, verkennt die Rolle des Bildungssystems. Wer so spricht, verkennt, dass die Schule und die Universität – neben anderen! – die Orte sind, an denen sich die Existenz gesellschaftlicher Klassen in aller brutalen Deutlichkeit beobachten lässt (wenn man es denn sehen will). Sie tritt gerade durch den und in dem ungleichen Zugang zu den vom Bildungssystem angebotenen Möglichkeiten – von den weiterführenden Schulen bis zur höheren Bildung – zutage. Sie zeigt sich durch die und in der sozialen Ungleichheit des Zugangs zu den stark hierarchisierten Studiengängen. Und sie tritt daher, trotz offenkundiger nomineller Verbesserungen, durch und in der Aufrechterhaltung und Reproduktion der gesellschaftlichen Hierarchien durch die beachtliche Diskrepanz zwischen den Schulwegen zutage.[62]

---

62 Der ganze konservative Diskurs über die Aufhebung der sozialen Klassen und über die Angleichung der Lebensverhältnisse, der von den Soziolog_innen an den Schulen der Elite (*Institut d'études politiques de Paris, École nationale d'administration*) wiedergekäut wurde, findet sich heute in den beiden miteinander verwandten Themen (die wie »linke« Themen wirken, obwohl sie bloße Emanationen jenes rechten Denkens darstellen) der »Schere zwischen Arm und Reich« und des »sozialen Abstiegs« wieder. In beiden Fällen setzen die Weltbilder, die diese ideologischen Probleme hervorbringen, voraus, dass es so etwas wie eine »Angleichung« gegeben hat. Auf der einen Seite setzen sich die »Reichsten« heute schamlos über die Grundsätze nationaler Solidarität hinweg (und man müsse daher nicht für eine wirkliche Gleichheit kämpfen – was einem Rückfall in den »Egalitarismus« (*sic*) gleichkäme –, sondern von den Wohlhabenden »Respekt« einfordern – im Rahmen eines »wechselseitigen Respekts«, ein nebulöser Witz, der darauf abzielt, das agonale Verständnis der sozialen Welt durch einen christlichen Neophilanthropismus abzulösen, der die Vorstellung eines wiederherzustellenden »Gesellschaftsbandes« an die Stelle der Vorstel-

lung sozialer Kämpfe setzen will). Auf der anderen Seite versucht man uns davon zu überzeugen, dass diejenigen, deren gesellschaftliche Situation sich verbessert hat, nun diejenige ihrer Kinder auf dem absteigenden Ast sehen. Was darauf hinausläuft, vom Standpunkt der Mittelklasse und natürlich nicht vom Standpunkt der Arbeiterklasse oder der Prekären über die soziale Welt und insbesondere über die Welt der Arbeit zu sprechen. Man muss von dem Mythos einer großen Verschmelzung der ganzen Gesellschaft zu einer »Mittelklasse« (mit Ausnahme der »Reichsten« auf der einen und der »Abgehängten« auf der anderen Seite) wahrhaft verblendet sein, um diese Art von Diskurs aufrecht zu erhalten, dessen primäre Funktion offensichtlich darin besteht, dem für den Kampf gegen den Marxismus entwickelten Paradigma eines Verschwindens der Klassen, entgegen aller gesellschaftlichen Wirklichkeit, Anerkennung zu verschaffen (manche Vertreter dieses ideologischen Gefasels fühlen sich sogar veranlasst, von einer »Rückkehr der Klassen« zu sprechen! Sind sie also verschwunden? Und jetzt kommen sie plötzlich wieder? Eine schöne Art, das Problem zu übergehen! Und eine schöne Art, all das, was man gestern über dieses Thema gesagt hat und all die Schemata, die man selbst entwickelt hat, über Bord zu werfen.) Darüber hinaus besteht die Funktion dieses Diskurses auch darin, all das zu verbergen, was im Kontinuum der sozialen Welt die Beherrschung, die Ausbeutung und die Unterdrückung der Klassen ausmachte und auch heute noch ausmacht. In einem jüngst erschienenen, äußerst mittelmäßigen Buch (das freilich nichtsdestoweniger von der Presse bejubelt wurde) habe ich gelesen, dass unsere Gesellschaft heute in »Abstiegsangst« lebt, die sich vor allem in einer »Angst vor der Armut« ausdrückt. Man muss wohl in einer Familie aufgewachsen sein, in der die Eltern in den Nachkriegsjahrzehnten nicht in Armut lebten, um diese zwanghafte Furcht als Neuigkeit und als Zeichen einer Veränderung verkaufen zu wollen. Die Hinterlist der konservativen Vernunft – und der bürgerlichen Soziologie – ist unerschöpflich. Doch wenn man die Perspektive der Arbeiterklasse und nicht mehr die der Mittelklasse einnimmt, dann stellt sich auch das Problem der Inflation der Universitätsabsolvent_innen und der Entwertung der Titel in einem anderen Licht dar: Ein an der Universität erlangtes Diplom (oder ein Master) hat fast den gesamten Wert ver-

II.

Bourdieus großartige Idee in diesem Text von 1968 lässt sich so zusammenfassen: Die abwesenden Stimmen bezeugen gerade durch ihre Abwesenheit die tiefe Wahrheit des Systems, seine Gewalt und seine Brutalität. Es gilt also, die Aufmerksamkeit auf die Abwesenden zu richten, auf die gesellschaftlichen Mechanismen, die ihre Abwesenheit steuern. Und so werden all die vereinfachenden Gegensätze gesprengt, die von den Denkfaulen immerfort wiedergekäut werden: zum Beispiel der Gegensatz zwischen »Reproduktion« und »Veränderung«, denn nur in der Analyse der Veränderungen kann man erkennen, was in ihnen fortbesteht und nur eine Analyse der »Reproduktion« erlaubt zu verstehen, was eine wirkliche »Veränderung« ist und wie sie geschehen kann. Oder der Gegensatz zwischen einer intellektuellen Analyse der gesellschaftlichen Mechanismen und den Wort-

---

loren, das es einmal auf dem Arbeitsmarkt hatte. Es eröffnet nichtsdestoweniger für diejenigen, die als erste in ihrer Familie höhere Bildung genießen, einen Zugang zu Stellen und Berufen, die höher angesehen sind als die ihrer Eltern: Ein Arbeiterkind hat die Möglichkeit Angestellte_r, Lehrer_in oder Sonderpädagog_in zu werden. Die Entwertung der Diplome provoziert eine Deklassierung all dessen, wozu sie Zugang gewähren und diese Deklassierung ist selbst die Bedingung für einen gewissen gesellschaftlichen »Aufstieg« der Arbeiterkinder – der aber von Anfang an stark begrenzt war und nur einem verschwindend geringen Anteil von ihnen vorbehalten war. Die Rede vom »gesellschaftlichen Aufstieg« (!), der ins »Stocken« geraten ist (!!) hat demnach so gut wie keinen Sinn, außer vielleicht den einer ideologischen Mystifizierung: Es gibt eine Struktur und eine Übersetzung der Struktur und keinen »Aufstieg« der mehr oder weniger gut funktioniert.

meldungen der politischen Akteure, denn nur eine intellektuelle Ausarbeitung, die über das Niveau des unmittelbaren Wissens hinausgeht, kann aufzeigen, was in einer Bewegung unbedacht bleibt und daher Wege finden, wie das Feld der Wortmeldungen erweitert werden kann, um auch denen Platz zu bieten, die bisher ausgeschlossen sind.

Man kann sich indessen vorstellen, dass es nicht einfach ist, diesen abwesenden Stimmen die Möglichkeit zu geben, sich Gehör zu verschaffen. Denn einerseits scheint die Wahrscheinlichkeit verschwindend gering zu sein, diese Individuen, die nicht Teil des universitären Systems sind, dazu zu bringen, sich an Orten zu äußern, an denen über das schulische und akademische System gesprochen wird – und das selbst in Krisenzeiten, in denen sich die Zuweisung an bestimmte Plätze und Orte, zumindest für einen oberflächlichen und populistischen Blick zu lockern scheint (es versteht sich von selbst, dass ein Arbeiterkind nicht einfach zu einem Treffen an der Sorbonne gehen wird und es ist eine Illusion der bürgerlichen Intellektuellen und der Dozent_innen, die nichts von der sozialen Welt und den gesellschaftlichen Determinismen verstehen, die auf den Individuen lasten, zu glauben, dass im Mai 1968 die Arbeiter_innen ebenso an die Sorbonne gekommen sind, wie die Student_innen in die Fabriken gegangen sind: Für eine_n bürgerliche_n Student_in ist es viel leichter, die Türen der Fabrik zu öffnen als für eine_n junge_n Arbeiter_in, die Pforte der Universität zu durchschreiten und in jedem Fall werden sich beide schnell an die ihnen zugewiesenen Plätze erinnern und dahin zurückkehren, wo sie hergekommen sind und wo sie bleiben oder hingehen sollen. Den Mai 1968 so zu interpretieren bedeutet einfach nur, die Mechanismen und Effekte der Klassenherrschaft zu verkennen, sie auf eine ausgesprochen idealistische Weise zu verkennen – ein Blick der in der Luft und in der Schwebe hängt, über dem wirklichen Leben –, was schlicht und einfach darauf hinausläuft, sie zu akzeptieren und zu sanktionieren). Noch schwerer wiegt aber, dass gar nicht sicher ist, ob die Abwesenden überhaupt den Gedanken hegen und den Wunsch verspüren, etwas an ihrer Abwesenheit zu ändern. Der Ausschluss aus dem System kann als ein unveränderliches Schicksal erlebt und wahrgenommen werden, das man nicht hinterfragen kann, mehr noch: als eine Wahl, die man selbst getroffen hat, ohne den geringsten Widerstand. Wahrscheinlich denken viele von ihnen nicht, dass sie vom System ausgeschlossen wurden, weil sich der Ausschluss von selbst versteht, evident ist und sogar von seinen Opfern gewollt wird – so weiß man etwa, dass der Widerstand der Arbeiterklasse gegen die Ausweitung der Schulpflicht besonders stark war und dass sich der unerbittliche Ausschluss dank der Komplizenschaft der Ausgeschlossenen und gestützt auf ihren Selbstausschluss vollzieht. Dieser Selbstausschluss hat das gesellschaftliche Urteil schon vorweggenommen und vollzogen, was nichts anderes bedeutet als »die Wirklichkeit für sein Begehren zu halten«, wie Bourdieu in einem anderen Text schreibt, in dem er das Phänomen des Selbstausschlusses als eine Weise des Ausschließens beschreibt, die ohne viel Reiberei und ohne großes Drama über die Bühne gehen kann. Das, was sich dem soziologischen Blick als Effekt eines – statistischen –

Gesetzes zu erkennen gibt, dessen Härte man sich nur äußerst schwer entziehen kann, wird von denjenigen, die diesem Gesetz zum Opfer fallen, so erlebt, als stünde es im Einklang mit dem, was sie sich für sich selbst wünschen (sofern sie sich überhaupt die Frage stellen, was sie gerne hätten, denn die Wahl wird nicht selten vor jeder Reflexion getroffen). Mir ist bewusst, dass mich manche des »Legitimismus« beschuldigen werden, aber man sollte nicht vergessen, dass all jene, die diese Sprache benutzen, eine Stelle in Universität und Forschung innehaben. Sie lieben die Einfachheit der »Arbeiterklasse«, aber sie lieben sie so, wie sie sie von dort wahrnehmen, wo sie sich bequem eingerichtet haben: sehr weit entfernt von ihr und in jedem Fall über ihr.

Aus all diesen Gründen ist es reichlich unwahrscheinlich, dass die Abwesenheit der Abwesenden als Abwesenheit bemerkt wird – weder von denen, die nicht an die gesellschaftlichen Voraussetzungen ihrer Existenz denken, noch von denen, die abwesend sind und es nicht wissen, weil sie sich noch nie vorgestellt haben, dass sie dort sein könnten und daher ihren Ausschluss nicht als Ausschluss und ihre Enteignung nicht als Enteignung erleben. Wenn sie gleichwohl den studentischen Mobilisierungen mit einer gewissen Abneigung begegnen oder sie zumindest als etwas ihnen Fremdes ansehen, als einen Luxus, den sich nur Müßiggänger erlauben können –, so scheint es an de_r Forscher_in, an de_r Soziolog_in zu sein, dieses Problem aufzudecken, es als ein Problem aufzuzeigen, indem sie oder er betont, dass die Wortmeldungen und die politischen Äußerungen – und die politischen Projekte, so neuartig und subversiv sie sich auch vorkommen mögen – immer in einem bestimmten Rahmen geschehen, der auf der einen Seite durch ein Monopol und auf der anderen Seite durch ein Schweigen begrenzt ist. Das Monopol und das Schweigen sind untrennbar miteinander verbunden, wobei das Schweigen nicht nur den gesellschaftlichen Hintergrund, sondern die Möglichkeitsbedingung für das Monopol darstellt. Die Forscher_in muss also auf eine unbequeme Weise in die Entstehung derjenigen sozialen oder politischen Bewegung eingreifen, an der sie selbst teilhat, die sie unterstützt und die sie trotz allem der radikalsten und grundsätzlichsten Kritik unterzieht – was für sie zweifellos die beste Art der wirklichen Teilhabe und Unterstützung darstellt, denn die Rolle de_r kritischen Denker_in besteht nie darin, die Bewegungen, in die sie oder er sich einschreibt, zu beweihräuchern, sondern sie zu kritisieren, um so zu versuchen, ihr kritisches Potential zu vermehren und zu multiplizieren.

Wenn ich schreibe »es ist an de_r Forscher_in«, versteht sich von selbst, dass ich damit nicht irgendeine_n Forscher_in meine: Sie oder er muss nicht nur auf diesem Gebiet arbeiten, sondern auch etwas gesehen haben, was andere noch nicht gesehen haben. Denn die Vorstellung, dass eine der Funktionen des Schulsystems darin besteht, die Gesellschaftsordnung zu reproduzieren und zu legitimieren, wurde (und wird auch weiterhin) von vielen Forscher_innen seit 40 Jahren gewaltsam bekämpft (von anderen oder von denselben… in jedem Fall kennen derartige Diskurse keine wirklichen Autor_innen: Es handelt sich vielmehr um eine zeitlose Ideologie, die sich in ihnen ausspricht).

Um dem ebenso absoluten wie faktischen Gegensatz zu entkommen, der sich stets und immer wieder von neuem zwischen zwei antagonistischen Positionen einzurichten scheint, sei hier ebenso erwähnt, dass die Forscher_in nicht schon durch die Erkenntnis in »begrifflichen Gegensätzen«, wie man gewöhnlich sagt,[63] die Kompetenz und die Fähigkeit erlangt, im Raum des Politischen zu intervenieren. Ebenso wenig erlangt sie oder er diese Kompetenz durch die Unterordnung unter das spontane Wissen der Kämpfe und unter die Schlagworte, die einer Bewegung entwachsen (die in den meisten Fällen von Intellektuellen gefiltert und umgestaltet werden, die so versuchen, sich ein epistemologisches Privileg zu verschaffen, um eine einfache Erkenntnis zu erlangen, wobei alles verworfen wird, was einem transformierten Wissen gleichkommt). Wenn ich hier die theoretische Analyse des Schulsystems betont und deren politische Konsequenzen hervorgehoben habe, dann um mich gegen ein Urteilen in Dualismen und gegen die politische Bewegung auszusprechen.

Es gilt also, sich ebenso von den Anordnungen und Aufrufen zur disziplinären Ordnung zu befreien, die unausweichlich von all den Instanzen ausgegeben werden, die versuchen, das Wissen und die Innovation im Wissen zu kontrollieren, wie auch von den falschen Konzepten und den Scheinkonzepten, wie etwa der »Autono-

---

63 Übrigens etwas zu gewöhnlich, denn diese Zauberformel dient in erster Linie dem Versuch, eine Äquivalenz zwischen der Aufgabe des Denkens und dem, was an der Universität hervorgebracht wird, zu beschwören, so mittelmäßig, ja erschreckend letzteres auch sein mag, und Gott weiß, das ist es oft.

mie des Subjekts«, der »kritischen Stimme« oder der »Kompetenz« der »Akteure« oder dem Prinzip der »Gleichheit aller mit allen« (!!), von all jenen Konzepten also, die versuchen, ein Verständnis diesseits oder jenseits dessen zu verhindern, was die gesellschaftlichen Akteure von sich selbst wissen, diesseits oder jenseits dessen, was sie über ihre Weltsicht und über ihre eigenen Praktiken sagen. Es gilt, sich von der ganzen neokonservativen Rhetorik der 80er Jahre zu befreien, die sich ausdrücklich zum Ziel gesetzt hatte, das konservative Denken der 50er und 60er Jahre wiederzubeleben. In einer Art Geständnis, berief sich diese Rhetorik auf den finsteren Namen »Aron« und wandte sich im Register der Verherrlichung einer »Autonomie« des Subjekts gegen das Studium der gesellschaftlichen Determinationen, die sie – was für eine Schande! – darauf reduzierte, nichts weiter als eine »Philosophie des Argwohns« zu sein.[64] Und eben diese Rhetorik – das große reaktionäre Thema eines von der Geschichte, von der Gesellschaft und vor allem von den Klassenunterschieden unabhängigen Individuums – tritt heute, nach einem langen Umweg durch das zwielichtige Gebiet des christlichen Personalismus, erneut auf. Sie spricht ihren Bannspruch gegen die kritische Soziologie, die nun als eine von »Geheimniskrämerei«, von »Verschwörungen« besessene Literatur denunziert wird, deren »Paranoia« sich in den Versuchen zeige, die verborgenen

---

64 Zur Denunzierung des deterministischen Denkens seitens der Ideologen der konservativen Revolution in den 80er und 90er Jahren, vgl.: Didier Eribon: *D'une révolution conservatrice et de ses effets sur la gauche française*. Paris 2007.

Funktions- und Reproduktionsmechanismen der Gesellschaftsstruktur aufzudecken. »Argwohn«, »Paranoia« und »Komplott« sind also abwertende Bezeichnungen für das kritische und »deterministische« Denken, die von den vielfältigen und wandelbaren, in Wirklichkeit aber recht homogenen konservativen und bürgerlichen Ideologietraditionen geprägt wurden, denen immer der üble Beigeschmack des Antiintellektualismus anhaftet: »weitergehen, hier gibt es nichts zu verstehen und nichts zu wissen«. Es geht also darum, die Akteure, mit all der Kompetenz und all dem Wissen, über das sie verfügen, nach Möglichkeit an dem Ort zu belassen, an dem sie sind und von dem man ihnen versichert, dass sie froh sein können und sollen, dort bleiben zu können, ganz so, wie sie in ihren Augen »zu recht« dort sein müssen und auch bleiben wollen – so wie ein verorteter Standpunkt sich nicht notwendig selbst als verortet versteht.

III.

Ich bin versucht zu sagen, dass ein kritisches Denken sich gegen jede Art von Letztbegründung richtet und zugleich selbstreferentiell ist: Es findet nur in sich selbst Halt. Und ebenso möchte ich, auch wenn ich dadurch vielleicht nur dieselbe Idee auf eine andere Weise zum Ausdruck bringe, betonen, dass es seine Kraft und ihre Energie aus der gelebten Erfahrung der Forscher_in oder Denker_in gewinnt. Genauso wie Foucault seine Bücher als »Fragmente einer Autobiographie« präsentieren konnte, also als einen Versuch, dem Protest gegen seine Unterdrückung Ausdruck und Form zu verleihen. Als Ausdruck eines »willentlichen Entknechtung«, einer »reflektierten Unfügsamkeit« hätte man auch die Arbeit von Bourdieu – und das, was an ihr im strengsten Sinne theoretisch ist – als einen einzigen großen Versuch präsentieren können, seine eigene Geschichte zu denken, um sie sich neu anzueignen. Handelt es sich dabei nicht genau um das, was er in einem Aufsatz über den Ethnologen Mouloud Mammeri eine »Odyssee der Wiederaneignung« nennt? Es springt in die Augen, dass Bourdieu uns während der gesamten Hommage an seinen verlorenen Freund, an den Autor von *Der vergessene Hügel* zwischen den Zeilen ein Selbstportrait präsentiert. Um seine persönliche Vergangenheit zurückzuerlangen und um die gesellschaftliche Gewalt, die er erlebt hat, sichtbar zu machen, bedient er sich der Wissenschaft: Seine Arbeiten über das Schulsystem, über die Kultur, über die ästhetischen Geschmacksurteile usw., die er als Vektoren der gesellschaftlichen Differenzierung und Herrschaft beschreibt, werden für Bourdieu nichts anderes als die Etappen eines langen und beschwerlichen Weges gewesen sein, der schließlich zum »wiedergefundenen Hügel« führt, um den Titel eines anderen Aufsatzes aufzunehmen, den er Mammeri gewidmet hat.[65]

Man kann Foucaults Geschichte des Wahns als eine Geschichte der Homosexualität begreifen, die sich nicht so nennen will, und im weiteren Sinne als eine Geschichte

---

65 Vgl.: Pierre Bourdieu: »L'odysée de la réappropriation.« In: *Awal. Cahiers d'études berbères*. Nr. 18. 1998 und »Mouloud Mammeri ou la colline retrouvée.« In: *Le Monde* vom 3.3.1989. Ausführlicher habe ich mich zu diesen Texten in *Gesellschaft als Urteil* geäußert.

der Prozesse, die dafür verantwortlich sind, dass verschiedene gesellschaftliche Gruppen in einen Raum jenseits der Grenzen des »Normalen«, des gesellschaftlich und kulturell Anerkannten, verbannt werden. Ebenso kann man Bourdieus *Die feinen Unterschiede*, einer analogen Lesart nach, als ethnologische Entdeckung, als Ausgrabung der Strukturen gesellschaftlicher und kultureller Herrschaft verstehen. In diesen beiden großen Büchern spielen sich wahrhafte »Odysseen« der Wiederaneignung des Selbst ab, vermittelt durch die historische, soziologische und theoretische Analyse. So gesehen geben diese Werke den Leser_innen Werkzeuge an die Hand, die es ihnen erlauben, selbst eine Wiederaneignung zu unternehmen – eine Wiederaneignung, die freilich nicht einfach das Ergebnis eines individuellen Wegs ist, sondern die sich, weil sie auf kollektive Kategorisierungen (auf kollektive Erniedrigungen) verweist, fast notwendigerweise mit kollektiven Mobilisierungen und Kämpfen verbindet. Es gilt, diesen kritischen Bewegungen das ganze in der lebendigen Erfahrung der gesellschaftlichen Gewalt fundierte Wissen nahezubringen, das zur Theorie und zur Praxis ihrer Kämpfe beitragen kann. Deswegen bin ich der festen Überzeugung, dass die Selbstanalyse, wenn sie die Herrschaftsmechanismen ans Licht bringen will, nur eine Sozioanalyse sein kann, oder, wenn man so will, eine politische Analyse und dass sie deshalb der Psychoanalyse den Rücken kehren muss, die den Prozess, den es zu beschreiben gilt, entsozialisieren und entpolitisieren muss. Jede »Odyssee der Wiederaneignung«, die von den Unterdrückten in Angriff genommen wird, ist ein Versuch (und darin liegt die schwierigste Aufgabe), das

Gefühl der Scham zu überwinden, das in der Vergangenheit und bisweilen auch noch in der Gegenwart verspürt wird – ein Affekt des Habitus der Unterdrückten, eine ungewollte Komplizenschaft mit der Herrschaft. Die theoretische Analyse enthält und entfaltet eine »Selbstanalyse«, die ihre Energie aus der »Scham« speist, und die man daher eine »Honto-Biographie« nennen könnte. In diesem Sinn sind die *Geschichte des Wahns* und *Die feinen Unterschiede* hontobiographische Versuche – und Bourdieus Selbstanalyse findet in diesem Buch von 1979 einen tieferen Ausdruck als in jenem kleinen, postum veröffentlichten Band, der sich ausdrücklich als »Selbstanalyse« versteht.

Ich habe mich eingangs auf einen kurzen Text von Bourdieu bezogen, der im Vergleich zu seinen späteren großen Büchern auf recht bescheidene Weise der Frage nachgeht, wie sich eine politische Einstellung kollektiv, durch einen Austausch der Standpunkte und Argumente ausarbeiten lässt. Er stellt darüber hinaus die Frage nach der Stimme oder nach den Stimmen, die dem Kollektiv fern bleiben, dieser Gruppe, die im Verlauf einer Mobilisierung auftritt und sich ausbildet. Und ich frage mich, ob er dadurch nicht auf das zentrale Problem verweist, dem sich jedes Vorgehen stellen muss, das den Anspruch erhebt, kritisch zu sein: Die Theorie und die Praxis der Generalstände, so wie Bourdieu sie sich vorstellt (ohne sie jedoch jemals wirklich zu thematisieren), stellen einen Versuch dar, der Kontrolle, der Verdrängung, dem Vergessen und der Verfestigung der Problemstellungen zu entkommen, die immer mit den Diskursen und Programmen der politischen Parteien einhergehen. Andererseits scheint die Berufung auf die abwesende Stimme der Generalstände zugleich eine Forderung an jene Diskurse und Ansprüche zu stellen, die aus politischen Praktiken oder sozialen Bewegungen hervorgehen, die weniger etabliert, weniger organisiert und weniger strukturiert sind als die politischen Parteien. Im Grunde enthält jeder Aufruf zur Bildung von Generalständen zugleich die Idee, dass man sich versammeln muss, um das Vorgehen und die Ziele des Vorgehens zu diskutieren. Und er enthält die implizite Frage danach, wer sich tatsächlich versammelt, zu welchem Grad und bis zu welchem Punkt die Generalstände also allgemein sind (da sie, wie sich versteht, niemals vollkommen allgemein sein können). Er enthält also die Frage, wie sich die im wahrsten Sinne des Wortes unabschließbare Aufgabe der Verallgemeinerung umsetzen lässt – oder zumindest die Ausweitung dessen, was sich ungerechtfertigt als allgemein präsentiert.

Sicher kommt darin eine Gesamtkonzeption nicht nur des Politischen, sondern auch der Intellektuellen und ihrer Rolle zum Ausdruck – ich denke dabei an Foucaults Begriff der spezifischen Intellektuellen oder an den Begriff der kollektiven Intellektuellen bei Bourdieu, der in einem Austausch mit Foucaults Begriff steht: Die Verwirklichung der kollektiven Intellektuellen geschieht vor dem Horizont einer gemeinsamen Arbeit zu konkreten Fragen, die es den Forscher_innen und Akteur_innen aus gesellschaftlichen und politischen Bewegungen erlaubt, gemeinsam Analysen auszuarbeiten und Forderungen und Projekte festzulegen. In dieser Konzeption sollen alle Akteur_innen in einem ständigen Austausch stehen und ihre Erfahrungen und vor allem die Erfahrung ihrer

Wahrnehmungen weitergeben – ein Austausch, in dem die Forscher_in auf das hinweist, was die Bewegungen nicht bemerken konnten oder übergangen haben, wobei im Gegenzug die Akteure der Bewegungen auf Aspekte hinweisen, die die Forschung unbeachtet ließ. So haben etwa der Feminismus oder die schwule und lesbische Bewegung eine Veränderung der Forschung bewirkt (oder, wie Bourdieu anlässlich eines 1977 im *Centre Pompidou* abgehaltenen Kolloquiums einmal über die Sozialwissenschaften gesagt hat, einen Ausbruch aus der Routine, in der sie sich gelegentlich einschließen konnten). So wie die Forscher_in der Bewegung vor Augen führen kann, welche Stimmen in ihrem Fortschritt fehlen, so kann die Bewegung der Forscher_in vor Augen führen, welche Herrschaftsmechanismen und welche Diskurse oder Akte des Widerstands in ihren Analysen fehlen. Es gibt hier also eine Dynamik oder, um ein etwas aus der Mode gekommenes Wort zu verwenden, eine Dialektik.

Mir scheint übrigens das Gespräch, das Bourdieu mit der feministischen und der homosexuellen Bewegung gesucht hat, immer beispielhaft für diese doppelte Anforderung einer fruchtbaren – intellektuell und politisch fruchtbaren – Interaktion gewesen zu sein. So erkenne ich in *Die männliche Herrschaft* eine ähnliche Geste wie diejenige, die seine Fragen an die universitäre und studentische Bewegung von 1968 begleitet, und zwar insofern als er sich bemüht, das Problem von dem Punkt aus aufzurollen, an den ihn die vorangegangene Debatte geführt hat. So kann er die kritische Kraft, die eine Bewegung bereits entwickelt hat, noch einmal verstärken: Indem er den Blick auf die Einverleibung durch den Geschlechtshabitus und durch die Hierarchien lenkt, die in die objektive Wirklichkeit der Gesellschaftsordnung eingeschrieben sind, versucht er zu entschlüsseln, wie die Somatisierung des Sozialen, dessen Einschreibung in den Körper, in das Gehirn und in die Schemata der Wahrnehmung, dazu beiträgt, die Gesellschaftsordnung und ihre Hierarchien aufrecht zu erhalten. Um zu verstehen, wie die Struktur der Herrschaft trotz aller Errungenschaften feministischer Kämpfe fortbestehen konnte, muss man die Mechanismen und die Institutionen in den Blick nehmen, die diese Strukturen aufrecht erhalten.

Ich halte dieses Buch für eines von Bourdieus stärksten, wichtigsten, aufrüttelndsten und verstörendsten. Seine eher zwiespältige Rezeption zeugt übrigens davon, dass zum einen ein kritischer Dialog mit kritischen Bewegungen nicht immer einfach ist und dass zum anderen Bourdieu (der gegen eine solche Naivität hätte gewappnet sein müssen) bisweilen einen seltsamen Irenismus an den Tag legte: Die gewünschte Diskussion wird sehr oft zu einer – bisweilen gewalttätigen – Konfrontation und die Geschichte der politischen Bewegungen lehrt uns, dass die Diskussion und der Austausch von Argumenten fast immer konflikthaft verläuft... In Bourdieus Fall stellt sich etwa folgende Frage: Ist ein Mann in der Lage, eine Analyse der männlichen Herrschaft zu liefern, die den kritischen Ansatz weiter treibt, als es die feministischen Arbeiten zuvor getan haben? Für viele stand die Antwort schon vor der Frage fest. Sie lautete: Nein. Und man konnte sogar hier und da lesen, dass Bourdieu die von ihm beschriebene Herrschaft fortführt, indem er die Arbeiten von Frauen kritisiert – obgleich er sie in Wahrheit auf sehr respektvolle Weise diskutiert. Ihm wurde sogar vorgeworfen, keine einzige Frau in seinem Buch zu zitieren, was wirklich lächerlich ist, da schon ein kurzer Blick auf die Anmerkungen oder auf den Index genügt, um zu sehen, dass er sehr viele von Frauen verfasste Werke zitiert, ganz zu schweigen von dem Kapitel, das der Analyse eines Romans von Virginia Woolf gewidmet ist. Er reagierte auf diese sicherlich überraschenden und wenig stichhaltigen Anschuldigungen, indem er das universale Recht verteidigte, jede politische Frage und jedes wissenschaftliche Problem zu verhandeln, ohne dass irgendwelche Gebiete unter Vorbehalt gestellt werden und ohne dass man durch bloße Vorurteile verdächtigt wird. Tatsächlich ist nicht zu verstehen, warum sich ein männlicher Forscher nicht auf radikal kritische und reflektierte Weise mit der »männlichen Herrschaft« beschäftigen können sollte, vor allem dann nicht, wenn dieses Problem zum Kern seiner Arbeiten gehört und von ihm seit den frühen 60er Jahren untersucht wird, etwa in den ethnologischen Studien zur Kabylei – von denen er später sagte, sie hätten ihm erlaubt, seine eigene Vergangenheit wiederzuerlangen, inmitten seiner Heimat Béarn, einer anderen bäuerlichen Gesellschaft. Diese Arbeiten verwertete er in seinem Werk von 1998 als eine Art Werkzeug, um die Strukturen des androzentrischen Unbewussten der mediterranen Gesellschaften zu untersuchen und damit, wie durch eine Art Vergrößerungsspiegel auch die unsere.

Doch das ist nicht das Entscheidende: Die Feministinnen, die sein Buch angriffen, anstatt dessen Analysen in Betracht zu ziehen, empörten sie sich am meisten über die Seiten, auf denen versucht wird, die Beteiligung der Frauen an ihrer Unterdrückung zu denken. Denn gerade darin besteht eine der zentralen Problemachsen seines Denkens: die Beteiligung der Unterdrückten an ihrer Unterdrückung, die stille Komplizenschaft derjenigen, die auf die eine oder andere Weise von der Gesellschaftsordnung herabgewürdigt werden – eine Komplizenschaft, die diese Ordnung und ihre Erniedrigung aufrecht erhält. Wenn er das Problem auch in diesem Werk besonders deutlich trifft, so bewegt er sich doch im selben theoretischen und politischen Register, wie wenn er das Schulsystem mit Blick auf den vorgängigen Selbstausschluss derjenigen analysiert, die in jedem Fall dazu bestimmt sind, ausgeschlossen zu werden. Handelt es sich dabei nicht um eine Frage, die jedes kritische Denken durchdringt, von Marx über Sartre, Beauvoir, Foucault usw. bis hin zu Bourdieu? Die Begriffe der »Entfremdung« und des »falschen Bewusstseins« in der marxistischen Tradition, der Begriff der »Unaufrichtigkeit« im Gegensatz zur »Freiheit« und »Authentizität« bei Sartre, der Begriff der »Anrufung des Subjekts« bei Althusser, Foucaults Vorstellung, dass »die Macht von unten kommt« oder sein Begriff der »Disziplin« als Einverleibung der Machtmechanismen, Bourdieus Begriff der »symbolischen Gewalt« usw. sind allesamt Versuche, sich demselben Problem zu nähern: dem großen Mysterium der identischen Reproduktion der Gesellschaftsordnung. Diese Reproduktion stellt nicht einfach nur das Ergebnis einer Gewaltanwendung oder eines körperlichen Zwangs dar. Sie geht auch zu einem hohen Grad auf die Sozialisierung und auf die Somatisierung durch das Erlernen der Strukturen der

Gesellschaftsordnung seit der Kindheit zurück. Die Welt, so wie sie ist, scheint vollkommen evident zu sein. Genauer gesagt wird die Evidenz, mit der sich die soziale Welt zu erkennen und zu erleben gibt, nur sehr selten in Frage gestellt, sehr viel seltener jedenfalls, als man es spontan glauben oder annehmen würde, wenn man selbst Teil einer Protestbewegung ist. (Übrigens kann man – wer würde es leugnen? – an einer solchen Bewegung teilhaben und nicht in jedem Augenblick seines Alltags den Forderungen dieser Bewegungen genügen: Niemand kann jeden Tag von morgens bis abends subversiv sein). Sie ist so evident, dass sich Simone de Beauvoir in *Das andere Geschlecht* sogar fragen kann, ob eine Bewegung, die die Frauen vereint, im Gegensatz zur europäischen Arbeiterbewegung oder der amerikanischen Bürgerrechtsbewegung nicht in dem Maße unmöglich, ja selbst undenkbar ist, in dem die Frauen, wie sie klagt, ihre ›Unterwerfung‹ unter ihre ›Meister‹ zu akzeptieren scheinen.

IV.

Um sich dem theoretischen und praktischen Problem der Generalstände auf eine andere Weise nähern zu können, ist es daher notwendig, auf die Frage des gesellschaftlichen Schuldspruchs und auf die Mechanismen der Unterdrückung zurückzukommen.

Die Analyse des Schulsystems zeigt, dass die schulischen Schuldsprüche (die Aussonderung, der vorprogrammierte Misserfolg der einen und der nicht minder vorprogrammierte Erfolg der anderen) nichts anderes sind als im Vorhinein gefällte gesellschaftliche Urteile, die seit unserer Geburt gefällt sind, in gewissem Sinn sogar schon vor unserer Geburt. Je nachdem, an welchem Ort oder in welchem Milieu man zur Welt kommt, folgt man einer bestimmten schulischen Laufbahn. Man kann sagen, dass sich der Schuldspruch unserer bemächtigt und uns – mit der relevanten Ausnahme des gesellschaftlichen ›Wunders‹ – einen Platz zuweist, der bereits auf uns wartet und der der Laufbahn, die zu ihm hinführt, vorausgeht. Und genau aus diesem Grund werden die Klassenflüchtigen unmittelbar zu Soziolog_innen, denn sie sehen deutlich den Unterschied zwischen den Milieus, die sie auf ihrer Flucht durchquert haben und sie wissen genau, welche Grenzen sie überschreiten mussten. Sie sind auch deswegen Soziolog_innen, weil sie die Spur und die Markierung ihrer Herkunft während ihres Aufstiegs immer mit sich tragen – wodurch sie im Übrigen limitiert werden, wodurch das, was der Endpunkt ihres Wegs sein könnte, bereits vorgezeichnet ist. Die Hartnäckigkeit der sozialen Vergangenheit zeigt sich besonders in der Mobilität. Es sei an dieser Stelle für eine ausführlichere Verhandlung dieses Themas auf mein Buch *Rückkehr nach Reims* und auf die Bücher von Annie Ernaux *Das bessere Leben*, *Gesichter einer Frau* und *La honte* verwiesen.

Es gibt jedoch unterschiedliche Schuldsprüche und unterschiedliche Herrschaftsformen. Sie werden von den Bewegungen, die sie in Frage stellen und bekämpfen, ans Licht gebracht (ich habe den Feminismus und die schwule und lesbische Bewegung genannt, man könnte die Beispiele beliebig erweitern). Die ketzerischen Worte, die die Orthodoxie angreifen (also die Weltsicht, die mit den Strukturen der etablierten Ordnung zusammenbricht), bringen zugleich andere Einteilungen der Welt hervor und bilden andere Wahrnehmungsweisen aus. Bourdieu hat zu verschiedenen Anlässen, insbesondere zu Beginn der 80er Jahre, auf das hingewiesen, was er den »Effekt der Theorie« genannt hat. Vereinfacht gesagt – und das heißt zu einfach – sind etwa die gesellschaftlichen Klassen das Resultat von Theorien, die die Welt in Klassen unterteilen. Sie wurden von den Mobilisierungen hervorgebracht, die sich um diese Vorstellung herum organisierten. Diese Vorstellung und die neue Wahrnehmungsweise, deren Struktur sie ermöglichte, haben die Klassen erst als Wirklichkeit hervorgebracht. Ausgehend von diesem Weltbild, das sich weitestgehend durchgesetzt hat, haben sie die Klassen in die Wirklichkeit eingeschrieben. Zugleich haben sie aber immer versucht, andere Theorien, die dieses Weltbild bekanntlich später ablösen sollten, zu bekämpfen. Die Theorie ist performativ: Sie bringt das, was sie als das Wirkliche beschreibt, erst ins Dasein. Sagen und beschreiben heißt zugleich vorschreiben, wie es der Titel eines berühmten Textes von Bourdieu will, der 1982 zu einem Kapitel von *Was heißt sprechen?* geworden ist.[66]

Die Welt wird durch Namensgebungen hervorgebracht, durch die theoretischen ebenso wie durch die politischen. Das bedeutet offensichtlich nicht, dass die sozialen Klassen nicht objektiv, als Gesellschaftsstruktu-

[66] Pierre Bourdieu: »Beschreiben und Vorschreiben: Die Bedingungen der Möglichkeit der politischen Wirkung und ihre Grenzen.« In: *Was heißt sprechen? Zur Ökonomie des sprachlichen Tausches*. Übers. v. Hella Beister. Wien 2005. S. 131-139.

ren, als Klassen der Lebensbedingungen existieren. Würden sie nicht existieren, so könnten die Theorie und die Politik sie auch nicht als solche konstituieren. Wie ich bereits bemerkt habe, ließe sich das Schulsystem als der Ort analysieren, an dem die Produktion und Reproduktion der objektiven Realität der Klassen bewerkstelligt wird – bewerkstelligt durch die Legitimierung der sozialen Unterschiede, ausgehend von einem unterschiedlichen Zugang zu den Ressourcen des schulischen Kapitals und ausgehend von den Triage-Effekten, die der soziale Ursprung und die Verteilung des kulturellen und ökonomischen Kapitals hervorbringen. Doch ohne eine Theorie der Klassen kann diese objektive Realität auf ganz unterschiedliche Weisen gedacht werden. Man konnte beobachten, wie der Begriff der gesellschaftlichen Klasse gleichzeitig mit dem Marxismus fast vollständig von der theoretischen und politischen Bildfläche verschwand. Zugleich verschwand die Vorstellung einer Arbeiterklasse, die sich als Arbeiterbewegung organisiert, um ihre Interessen gegen die Bourgeoisie in einem Klassenkampf zu verteidigen, in einem Kampf, der das ganze ökonomische, soziale und politische Leben ausmacht – was wiederum ein internationales oder internationalistisches Klassifizierungsprinzip voraussetzt, zumindest als regulative Idee.

Diese Weltsicht hat vor 20 Jahren der Rückkehr von nationalen und nationalistischen Vorstellungen weichen müssen, welche die französischen (oder deutschen, spanischen, italienischen, britischen usw.) Arbeiter_innen den Immigrant_innen gegenüberstellen. Natürlich war die marxistische Theorie des Internationalismus eine Utopie, die ständig Gefahr lief, von den tatsächlichen Reaktionen der Arbeiterklasse auf die Präsenz von Immigrant_innen widerlegt zu werden. Gegen Migration gerichtete Unruhen waren nicht selten, selbst in den Hochburgen der Gewerkschaftsbewegung des 20. Jahrhunderts und vielleicht konnten diese Gegensätze nur in Momenten der Mobilisierung, wie etwa im Mai 1968, durch Parolen wie »Travailleurs français-immigrés, même patron-même combat«[67] überwunden werden. Und deswegen habe ich in meinem Buch über die konservative Revolution und später in *Rückkehr nach Reims* behauptet, dass die Linke in dem Moment, in dem der Marxismus zusammenbrach, unfähig war, den konkreten Erfahrungen und den Lebensbedingungen der Arbeiterklasse oder des Proletariats, einen Sinn und eine politische Anschauungsform zu verleihen, und dass sie daher eine große Mitschuld daran trägt, dass die extreme Rechte die Stimmen der Arbeiterklasse gewinnen konnte. Habe ich wirklich »Unfähigkeit« gesagt? Man müsste wohl eher sagen: Die Bekehrung der offiziellen Linken zum Denken der Rechten, unterstützt von der Zerstörung des linken Denkens – all dessen, was die Linke zur Linken gemacht hat – durch gut organisierte und finanzierte Kreise, die sich diese Zerstörung zu ihrem ausgesprochenen und unablässig verfolgten Ziel gemacht haben (auch wenn sie jetzt so heuchlerisch sind, dass sie das schreckliche Resultat ihrer Arbeit beweinen, zweifellos um sich von ihrer überwältigenden Verantwortung freizusprechen).

---

67 [Deutsch etwa: »Französische Arbeiter, ausländische Arbeiter: gleiche Bosse, gleicher Kampf«. Anm. d. Übers.]

Es haben sich jedoch auch andere Formen der Unterteilung der sozialen Welt durchgesetzt, gelagert um Fragen von Gender, Sexualität oder Rassifizierung. Will man eine essentialistische oder substantialistische Vorstellung der sozialen Welt vermeiden, so ist keine der so bestimmten Gruppen weniger real ist als eine andere. Von einer Gruppe, die sich als Gruppe denkt und für einen Kampf gegen die Unterdrückung und Erniedrigung ihrer Mitglieder mobil macht, zu behaupten, dass sie tatsächlich als Gruppe nicht existieren könne oder dass andere Kämpfe wichtiger oder wirklicher sind, das bedeutet, die nichtsdestoweniger unbestreitbare Einsicht zu leugnen, dass die soziale Welt Vorstellung und Wille ist, wie es Bourdieu so oft betonte, und dass die Wirklichkeit ebenso ein Produkt von Wille und Vorstellung ist wie die Politik.

Das ändert jedoch nichts daran, dass jede Mobilisierung, die sich auf eine Vorstellung und einen Willen stützt, die sich also auf eine Kategorisierung stützt und eine bestimmte Zahl von spezifischen Merkmalen vor anderen betont, dazu neigt, eine Kategorisierung an die Stelle aller anderen zu setzen und sie gegenüber den anderen als die wirklichere durchzusetzen und die Politik gemäß der eigenen spezifischen Abgrenzung und gemäß der eigenen Zeitlichkeit zu gestalten. Gender, Sexualität (wie in der feministischen, schwulen und lesbischen Bewegung), Rassifizierung, Ethnizität oder Religion usw. zu denken, kann bedeuten, ein Denken der gesellschaftlichen Klassen als nachrangig anzusehen, gerade weil es darum geht, eine Gruppe zu begründen, die sich ausgehend von Formen der Unterdrückung – und der Mitwirkung an der Unterdrückung – mobilisiert, die mehr oder weniger klassenübergreifend sind. Man hat aber auch gesehen, wie dieselben Bewegungen, die dazu neigten, das Klassenprinzip anderen Prinzipien der Unterteilung der Welt und der Selbstwahrnehmung unterzuordnen, ihrerseits von innen heraus angegriffen wurden. Sie wurden angegriffen, weil sie etwas vernachlässigten oder weil sie die Prinzipien der Kategorisierung, auf denen sie beruhen, verneinten. Und sie wurden mit dem Ziel angegriffen, andere Prinzipien wieder einzuführen und zu versuchen, die verschiedenartigen Unterteilungen zusammenzubringen. Ich denke dabei an den Begriff der Intersektionalität in der feministischen Bewegung. Ich denke an die *queer theory*, die sich insbesondere den trans- und intersexuellen Bewegungen zugewendet hat und andere Formen von Sexualität und Begehren betont hat, die über die Vorstellungen der weißen und westlich geprägten schwulen und lesbischen Bewegung hinausgehen.

V.

Doch wie können diese Bewegungen, von denen eben die Rede war, und ihre »internen« Auseinandersetzungen mit der sozialen Bewegung im klassischeren Sinne zusammenkommen – beispielsweise mit den Kämpfe der Arbeiter_innen in den 90er Jahren, als Bourdieu für die Einrichtung von »Generalständen der europäischen sozialen Bewegung« plädierte – und gemeinsam am allgemeinen Umsturz der etablierten Ordnung arbeiten? Bourdieu hat das Problem sehr früh gesehen, beispielsweise in seinem Text über das *Centre Georges Pompidou*, in dem er sich fragt, wie die schwule und lesbische Bewegung sich, zumindest auf der Ebene der theoretischen Reflexion und des symbolischen Handelns, an die Spitze der sozialen Bewegungen und der politischen Mobilisierungen setzen könnte. Er dachte dabei natürlich an den symbolischen Umsturz durch die künstlerischen Avantgarden, denen er wenige Jahre zuvor ein ganzes Werk (*Die Regeln der Kunst*) und ein Seminar am *Collège de France* über Manet und die impressionistische Revolution gewidmet hatte. In seinen ebenfalls 1997 erschienen *Meditationen* führt er diese Übersetzung des Modells der ästhetischen Revolution auf die politische Revolution näher aus. Entscheidend ist die Vorstellung, dass die Bewegungen in Krisenzeiten dazu neigen, sich voneinander abzusondern und zu fragmentieren, anstatt sich zu versammeln und zu verbinden. Die Vermehrung und die Übereinstimmung der Fragestellungen und Mobilisierungen, die im Mai 1968 stattfanden, lassen sich nicht leicht reproduzieren (falls sie überhaupt jemals wirklich stattgefunden haben). In der avantgardistischen und universalistischen Idee, man müsse die subversive Kraft der partikularen Bewegungen in den Dienst des Universalen stellen, drückt sich nichts anderes als ein Problem der Dynamik und der Verbindung von Bewegungen aus (wenn meine Worte schlecht gewählt erscheinen, kann man auch andere Worte finden, um dieselbe Sache zu sagen).

In seiner berühmten Analyse des Mai 1968 am Ende von *Homo academicus* zeigt Bourdieu, wie die allgemeine Krise in dem Moment ausbricht, als die partiellen Krisen der verschiedenen gesellschaftlichen und institutionellen Felder sich miteinander verschränken, in dem Moment also, in dem sich unterschiedliche, uneinheitliche Zeitlichkeiten synchronisieren.[68] Diese Synchronisierung ist weder gewollt noch organisiert... Sie geschieht einfach und man kann sie nur im Nachhinein rekonstruieren, sei es zum Zweck einer historischen und soziologischen Analyse, sei es um die Mittel zu reflektieren, die zu ihrem erneuten Auftreten beitragen können. Ich frage mich nichtsdestoweniger, ob diese bei Bourdieu immer wiederkehrende Idee, den Moment, in dem eine Bewegung entsteht, für die Bildung von Generalständen zu nutzen, ob diese Idee nicht immer und unweigerlich folgende Frage mit sich bringt: Inwiefern sind die Generalstände allgemein und wie kann man dafür sorgen, dass sie ihre Allgemeinheit, die stets nur unvollkommen und provisorisch ist, ausweiten? Ich vermute daher, dass ihr stets ein tief verankertes Streben nach einer Synchronisierung der politischen Zeitlichkeiten – nach globalen Generalständen aller lokalen Generalstände – eigen ist, mit dem Ziel, die allgemeine Krise herbeizuführen. Das Wissen darum, dass sich eine Synchronisierung nicht verordnen lässt, verhindert keineswegs den Versuch, sie zu fördern. Es hindert uns, wie Bourdieu uns mitzuteilen scheint, keineswegs daran, es uns auf ebenso unauffällige wie hartnäckige Weise zur leitenden Vorstellung, zur regulativen Idee und daher im Grunde zur intellektuellen und politischen Aufgabe zu machen, gemeinsam alles zu tun, was wir und alle die auf unserer Seite stehen, tun können, damit sie eintritt. Nichtsdestoweniger müssen wir uns

68 Pierre Bourdieu: »Der kritische Moment.« In *Homo academicus*. Übers. v. Bernd Schwibs. Frankfurt am Main 1988. S. 254-306.

jedoch in dieser Synchronisierung, in diesem allgemeinen Kampf um diejenigen Stimmen sorgen, die nicht anwesend sind. Ihre Abwesenheit kann vielleicht denjenigen, die sich damit beschäftigen wollen und können, die Grenzen aufzeigen, die jeder Bewegung und jedem Moment der Krise eigen sind – selbst wenn diese Bewegung und diese Krise sich selbst als Synchronisierung verschiedener Zeitlichkeiten begreifen, als die Zusammenführung verschiedener Widerstände gegen die etablierte Ordnung, als das Aufbrechen eines allgemeinen Kampfes. Wenn man sich fragt, was die Gründe für ihre Abwesenheit sind und wenn man es sich zum Ziel macht, sich dem zu öffnen, was aus ihrer Anwesenheit hervorgehen wird, wie sie dazu beitragen wird, das Ausmaß der Kämpfe und somit die gesellschaftliche Realität, die Gegenwart und die Zukunft von uns allen zu verändern. Wenn man sich diese Fragen stellt, behalten die Abwesenden vielleicht immer Recht.

DRITTER TEIL.
NORMEN UND RECHTE

5. Kleine Politik. Für einen neuen Anti-Ödipus.[69]

I.

Ich möchte mich im Folgenden mit den Grenzen, ich möchte fast sagen mit den Begrenzungen, beschäftigen, die uns gesellschaftlich, rechtlich und auch psychisch konstituieren. Und ich möchte mich mit der Frage beschäftigen, wie wir diese Grenzen überschreiten oder sie zumindest verschieben und zurückdrängen können, um den Raum unserer Möglichkeiten und unserer Freiheiten zu vergrößern.

Es sei mir verziehen, dass ich mit einer persönlichen Geschichte einsetze: Vor einigen Jahren bin ich mit meinem Freund eine »eingetragene Lebensgemeinschaft« (*Pacs*) eingegangen. Bei dem *Pacs*, der »zivilen Solidargemeinschaft«, handelt es sich um eine Art eingetragene Partnerschaft, durch die gleichgeschlechtlichen Paaren einige Rechte gewährt werden. Es handelt sich genauer gesagt um einen Vertrag, den man auf der Geschäftsstelle des Zivilgerichts unterzeichnet (dort, wo man normalerweise geschäftliche Verträge unterzeichnet). Tatsächlich wurde seit dem Beginn der parlamentarischen Debatten, die in der Verabschiedung dieses Gesetzes mündeten, alles dafür getan, dass dieser Vertrag zwischen zwei Personen nur ganz minimale Rechte gewährt, dass ihm kaum mehr Wert zukommt als einem privaten Akt und

69 Vortrag an der UC Berkeley vom 16.10.2004.

dass ihm darüber hinaus auch keinerlei symbolischer Wert zukommt. All das wurde getan, um zu verhindern, dass der *Pacs* auch nur im Entferntesten an die Ehe erinnert. Die ganze Debatte über gleiche Rechte, Ehe, gleichgeschlechtliche Elternschaft, das Adoptionsrecht, medizinisch gestützte Fortpflanzung, den Status ausländischer Partner_innen in internationalen Partnerschaften usw. wurde von der damaligen sozialistischen Regierung unterdrückt und sogar verboten und zensiert. Und die Entscheidung, dass der *Pacs* im Zivilgericht und nicht im Standesamt (in der Stadtverwaltung) unterzeichnet wird, diente einzig dem Zweck, den Unterschied zur Ehe herauszuheben. In Paris befinden sich jedoch die Zivilgerichte im selben Gebäude wie die Bezirksverwaltungen (es gibt neben dem Rathaus auch noch Verwaltungsgebäude für jedes Arrondissement).

Wir haben uns also in dem Rathaus des Arrondissements eingefunden, in dem ich wohne. Die Geschäftsstelle befand sich in einem winzigen Zimmer, das mit Akten vollgestopft war. Es gab gerade genug Platz, um sich zu dritt hinsetzen zu können. Als der Vertrag unterschrieben war, gingen wir die Treppe wieder hinab und sahen das Schild für den Hochzeitssaal. Wir öffneten die Tür und die pompöse Feierlichkeit (mit ihren blauen Samtvorhängen) hätte uns unter anderen Umständen gewiss belustigt oder indifferent gelassen. Doch der Gegensatz zu der Abstellkammer, in der wir empfangen wurden, war so krass, dass uns dieses Dekor der zivilen Liturgie auf brutale Weise vergegenwärtigte, worauf wir kein Anrecht hatten und was so viele tapfere Menschen, in ihrem Streben, die Zivilisation zu retten, auf ewig vor unseren Ansprüchen schützen wollten. Ich hatte noch nie Gefallen an Zeremonien gefunden und habe mich auch nie nach dem ganzen Hochzeitstheater gesehnt. Doch für einen kurzen Augenblick haben wir beide die ganze Macht der gesellschaftlichen und rechtlichen Exklusion und ihrer Unterdrückungsmechanismen gespürt. Auf brutale Weise wurde uns vor Augen geführt, dass wir zu der Kategorie von Menschen gehören, die ihren Vertrag auf der Ecke eines Tisches in einer Besenkammer unterzeichnen müssen. Ich möchte nicht so weit gehen zu sagen, dass das Ganze in mir den Wunsch zu heiraten erweckte – sicherlich nicht! –, doch es ließ mich die allgegenwärtige Gewalt der Exklusion spüren.

Ich musste an einen Abschnitt aus *Roland Barthes von Roland Barthes* denken: an jene Stelle, in der Barthes erzählt, wie er eines Tages, als er an der Saint-Sulpice Kirche vorbeigeht, zufällig dem Ende einer Hochzeit beiwohnt. Diese Szene trifft ihn direkt ins Herz, wie eine Verdichtung all der Exklusionen, von denen er betroffen ist. Nicht dass er dasselbe erleben wollen würde: Er schreibt selbst, wie er die Hochzeit für das »schwachsinnigste aller Spektakel« hält. Dennoch verspürt er abrupt die Spaltung. Als wäre ihm das »Wesen der Exklusion« an den »Kopf geworfen« worden, »kompakt und hart«. Und mehr noch als ausgeschlossen, fühlt er sich »losgelöst«, gar nicht der Szene zugehörig. Seine unveränderliche Position liegt notwendig und auf alle Zeit außerhalb dessen, was er beobachtet. Er kann nur als »Zeuge« daran teilhaben. Nie wird er einer der Protagonisten sein.

Ein Gefühl der Exklusion beschränkt sich nicht auf den Moment, in dem man es erlebt (dieser »seltene

Moment, in dem sich die ganze symbolische Kraft versammelt und den Körpern zum Erzittern bringt«, wie Barthes schreibt). Wie flüchtig er auch sein mag, in dem Moment, in dem ich ihn erlebe – und umso mehr, wenn ich ihn an Orten oder in Kontexten von Institutionen erlebe, an denen ich gar nicht teilhaben will –, erlebe ich, dass ich als ein ausgeschlossenes, herabgewürdigtes Wesen sozialisiert wurde. Tatsächlich ist die Exklusion tief in mein Wesen eingeschrieben und das Gefühl ist, so stark es in gewissen Momenten auch sein mag, ein Teil von mir, ein Teil von dem, was ich die ganze Zeit bin, auch wenn ich gar nicht daran denke – ein Teil, der in diesen Momenten nur an die Oberfläche meines Bewusstseins dringt. Genauso wie wenn Divine in Genets Roman *Notre-Dame-des-Fleurs* plötzlich, sobald sie von einer Beleidigung getroffen wird, die Scham, die sie schon überwunden glaubte, wiedererleben kann, weil die Scham sie niemals verlassen hat, weil dieser Affekt sich sogar mit ihrer Persönlichkeit deckt und für ihre Subjektivität und ihren Weltbezug konstitutiv ist.

Der eben zitierte Abschnitt von Barthes verweist darauf, dass die Tatsache, ausgeschlossen zu sein und immer schon zu wissen, dass man ausgeschlossen ist, unweigerlich die tiefste Wirkung auf unser Bewusstsein, auf unser Unbewusstes und auf unsere Identität ausübt – auch dann, wenn man sich über die Institutionen, von denen man ausgeschlossen ist, lustig macht, selbst dann, wenn man sie gar nicht in Anspruch nehmen will (vielleicht, weil man aus der Not eine Tugend gemacht hat). Im Grunde ist das Unbewusste vielleicht nichts anderes als die soziale Welt mit all ihrer ordinären Gewalt, ihren

Hierarchien und Grenzen, die sich in unseren Körper und in unser Gehirn eingeschrieben haben. Es ist immer schon die fleischgewordene Erinnerung unserer alltäglichen Praktiken und Gesten. Eine einzige kurze und unerwartete Szene des Alltagslebens kann ausreichen, um all das zu erwecken, was in uns schlummert. Sie kann alle Nervenstränge in unserem Körper zum Vibrieren bringen. Und das umso mehr, wenn die Szene mit der Familie zu tun hat – und somit unweigerlich mit unseren jeweils eigenen Familienbeziehungen. Ausgeschlossen zu sein bedeutet hier also mehr als nur eines Rechts beraubt zu sein, was selbst schon viel ist. Es bedeutet auch und vor allem, sozial und psychisch durch diese Privation konstituiert zu sein. Es bedeutet, dass man von klein auf, während man sich und die Welt kennenlernt, von der hinterhältigen Gewalt der Normen und der Normalität (und von der Einschreibung der Normen und der Normalität in das Recht) produziert und gleichzeitig unterworfen wird. Und wenn bestimmte Formen des alternativen Lebens, bestimmte Freiräume und andersartige Subjektivitäten nur vor dem Hintergrund einer solchen Exklusion erfunden werden können, so werden diese individuellen und kollektiven Neuaushandlungen des Selbst nichtsdestoweniger von einer gewissen Melancholie heimgesucht, wie der Text von Barthes so schön zeigt: Hier befindet sich jene Traurigkeit, die sich selbst nicht zur Sprache bringen kann, in direkter Nachbarschaft zu jener immer wieder bekräftigten Vorstellung, dass die Homosexualität (die »Göttin H«) das Gesetz, die Doxa und die Wissenschaft durchkreuzt und so ein »mehr produziert« (»Ich spüre mehr, nehme mehr wahr, spreche mehr…«) und dass sich »in diesem mehr die Differenz einrichtet«. Kurz gesagt handelt es sich um ein »mehr«, das an ein »weniger« grenzt, eine geliebte Differenz, die zugleich auf eine Exklusion verweist, die man als Verstörung und als Unwohlsein erlebte, wie vergessen, verdrängt oder verneint sie auch sein mag.

Es lässt sich also nachvollziehen, wie diese Melancholie »Utopien« hervorbringen und nähren kann, um ein Wort von Barthes zu verwenden (die Utopie »einer Welt, in der es nichts als Differenzen gibt, in der Differenzierung nicht mehr Exklusion bedeutet«). Sie produziert jedoch nicht nur »Utopien«, sondern auch ein neues, praktischeres und realistischeres Verständnis der möglichen oder vorstellbaren Veränderungen. Und sie produziert die konkrete Forderung, die Exklusion, aus der die Melancholie hervorgegangen ist und von der sie ihre spezifische Gestalt und Färbung erhalten hat, auf dieser oder jener Ebene abzuschaffen. Die Frage, ob Institutionen begehrenswert sind (warum begehren manche eine Institution, zu der sie keinen Zugang haben? Was für Motive haben sie, die über das Erlangen bestimmter Rechte hinausgehen?), ist ebenso bedeutsam wie komplex, denn man kann sich ihr nicht nähern, ohne dieser Melancholie zu begegnen, die so eng mit dem Gefühl des sozialen Abstiegs und der Marginalisierung verbunden ist.

Man hat darauf hingewiesen, dass sich dieser Text von Barthes wie eine Art *coming out* lesen lässt, jedenfalls wie eine Affirmation oder gar eine Proklamation seiner Andersheit. Denn in Wahrheit ist Roland Barthes gar nicht von der Ehe ausgeschlossen. Wenn er gewollt hätte,

hätte er eine Frau heiraten können. Doch egal wie groß die Hindernisse für sein homosexuelles Leben auch sein würden – er verkörperte die fast schon paradigmatische Gestalt des unglücklichen Homosexuellen, des leidenden Homosexuellen –, die Ehe mit einer Frau war für ihn etwas Unmögliches, ja Undenkbares. Wenn er sich also von der Ehe ausgeschlossen fühlte, dann weil es ihm nicht erlaubt war, eine Person zu heiraten, die er hätte lieben können und heiraten wollen. Er konnte diese Heirat nicht einfordern – er konnte nicht einfordern, eine Person desselben Geschlechts zu heiraten. Und er hatte kein Interesse daran, eine Person des anderen Geschlechts zu heiraten. Genau von dieser Art von Ausschluss ist in diesem kurzen Abschnitt die Rede, auch wenn Barthes es nicht näher ausführt.

Man sollte darauf beharren, dass Schwule und Lesben niemals von der Ehe ausgeschlossen waren. Man kann sogar sagen, dass im 20. Jahrhundert die große Mehrheit von ihnen in einer Ehe lebte, und zwar in allen gesellschaftlichen Klassen. Es gibt sogar eine literarische oder para-literarische Tradition des Nachdenkens über diese Frage. Soll ein Homosexueller heiraten, soll er verheiratet bleiben? Wie sieht das Leben eines verheirateten Homosexuellen aus? André Gides *Der Immoralist* lässt sich beispielsweise in diesem Licht interpretieren.[70] Es ist auch eine Frage, die Gide in seinem eigenen Leben immer

70 Marguerite Yourcenars erster Roman von 1928 *Alexis oder der vergebliche Kampf* kann als eine Neuschreibung von Gides Roman gelesen werden: Alexis verlässt seine Frau, um seine Homosexualität frei ausleben zu können. Yourcenar plante, ein weiteres Buch zu schreiben, das den Standpunkt der verlassenen Frau einnimmt.

beschäftigen sollte, bis zum Tod seiner Frau. Für ihn bedeutete das eine Trennung zwischen einer stets »reinen« und »spirituellen« Liebe, die seiner Frau vorbehalten war, und den kurzlebigen Romanzen mit irgendwelchen Begegnungen, in denen die Sexualität ausgelebt werden konnte, also eine Trennung zwischen der stabilen Beziehung und den Abenteuern, die keine Zukunft kannten. Zumindest behauptete er diese Trennung in *Et nunc manet in te*, jenem Buch von Erinnerungen an seine Ehe und seine Frau, das er kurz nach ihrem Tod verfasste. Auch andere Schriftsteller_innen beschäftigten sich mit dieser Frage: Marcel Jouhandeau hat einen Teil seines Werkes der Beschreibung des Lebens eines homosexuellen Mannes, der mit einer Frau verheiratet ist, gewidmet. Er beschreibt es als eine Hölle und als ein Gefängnis, aus dem er aber nicht ausbrechen kann, weil die Entscheidung für eine solche Kontinuität für ihn die wahre Freiheit bedeutet, die seinem Leben sogar Sinn und Einheit verleiht – insbesondere seinem sexuellen Leben, von dem er viele Details verrät (etwa den Besuch von männlichen Bordells) und seinem Liebes- und Gefühlsleben, das aus Beziehungen zu jungen Männern besteht, die zwar leidenschaftlich sein können, aber nicht von großer Dauer sind (siehe etwa die Schilderung einer solchen Beziehung in dem großartigen Buch *Du pur amour* von 1955).

Doch wurden Gide und Jouhandeau auch eines Tages von jenem Gefühl der Exklusion ergriffen, das für Barthes mit der Institution der Ehe verbunden war? Sicherlich nicht auf dieselbe Weise! Für sie scheint die Ehe – also die Ehe mit einer Frau – Teil der schwulen Identität zu sein, oder zumindest eine Möglichkeit, ein schwules Leben zu leben. Es war mehr als eine bloße soziale Konvention oder Pflicht: Es war zweifellos eine Entscheidung, die viele Schwule und Lesben getroffen haben, ohne groß darüber nachzudenken, als wäre es eine normale Situation oder eine normale Lösung. Für den Autor von *De l'abjection* stellt die Ehe so etwas wie einen Weg zur Erlösung dar: einerseits von der Gesellschaftsordnung »verschmäht«, wurde er andererseits als verheirateter Mann anerkannt. Vielleicht haben so viele Schwule und Lesben gerade deshalb geheiratet: um sich nicht mehr aus der sozialen Welt ausgeschlossen zu fühlen, um weiterhin in einer Familienstruktur, insbesondere in ihrer eigenen Familienstruktur (also die Beziehungen zu ihren Eltern, Brüdern und Schwestern usw.) leben zu können. Jedenfalls scheint mir der Unterschied zwischen einer heterosexuellen und einer homosexuellen Lebensweise, den man allzu oft als ein Gegensatz zwischen Ehe und Freiheit, zwischen der Ehe und polygamen Lebensformen konstruiert, nicht mit dem übereinzustimmen, was uns ein einfacher, schneller Blick in die Geschichte lehrt. Denn ein großer Teil derjenigen, die andere, alternative Lebensweisen lebten und sie durch ihre Schriften, ihre Worte, ihre Reflexionen und Praktiken an die Öffentlichkeit brachten, waren zugleich verheiratet.

Wenn man heute die Frage hört – und man hört sie in Frankreich im Moment oft – »Warum wollen Homosexuelle heiraten und Kinder großziehen?«, als ob es sich dabei um eine große Neuigkeit handeln würde, so kann man darauf ganz einfach entgegnen, dass sie es immer schon getan haben. All die Diskurse, die uns erzählen, dass die Lesben und Schwulen früher subversiv waren und heute konformistisch geworden sind, machen keinerlei Sinn. Die aktuellen rechtlichen Forderungen entstammen der Begegnung zweier Wirklichkeiten, die bisher nebeneinander existierten und von nun an zusammenfallen wollen: dauerhafte gleichgeschlechtliche Beziehungen (Beziehungen, die sich wie Ehen verstanden – man könnte an Gertrude Stein und Alice Toklas, an Benjamin Britten und Peter Pears denken, um nur zwei berühmte Paare zu nennen – von denen es offensichtlich eine große Zahl gab) und die Heirat von Homosexuellen im Rahmen von heterosexuellen Partnerschaften (die oft Kinder großgezogen haben). Wenn die homosexuelle Partnerschaft eine Wirklichkeit war, die von unzähligen Individuen gelebt wurde – und deswegen eine lebenswerte und gangbare Wirklichkeit ist – und wenn die Ehe von Homosexuellen es nicht minder war, warum sollte die homosexuelle Ehe es nicht auch werden können? Und was soll es bedeuten, wenn die Horden der Ideolog_innen (Psychoanalytiker_innen, Anthropolog_innen, Familiensoziolog_innen usw.) sie nicht nur für unmöglich, sondern sogar für undenkbar halten?[71]

II.

Und so komme ich auf die Frage der Grenze zurück: Warum scheint es vielen Menschen so wichtig, um jeden Preis jene Grenze aufrecht zu erhalten – und mit ihr die Unterscheidung zwischen der Möglichkeit für eine

71 Zur Heirat von Homosexuellen, insbesondere wie sie in literarischen Texten dargestellt und analysiert wurde, vgl. meinen Text *Sur cet instant fragile… Carnets, janvier 2004*. Paris 2004.

schwule, lesbische (oder nach den jüngsten europäischen Gesetzesänderungen: für eine bi- oder transsexuelle) Person, eine Person des anderen Geschlechts zu heiraten (was auch bedeutet, dass zwei Homosexuelle und zwei Bisexuelle untereinander heiraten dürfen, solange sie nicht dasselbe Geschlecht haben, oder dass ein Mann, der offiziell zur Frau geworden ist, nach seiner Geschlechtsumwandlung einen Mann heiraten kann usw.) und der Unmöglichkeit für dieselben Personen, eine Person desselben Geschlechts zu heiraten? So könnte ein schwuler Mann eine lesbische Frau heiraten und sie könnten beide eine stabile Partnerschaft mit einem anderen schwulen Mann, respektive einer lesbischen Frau führen, die sie aber nicht heiraten könnten. Man hat alles Recht zu fragen: Warum? Warum eigentlich?

Ich weiß, dass die Situation in Frankreich von der Situation in anderen Ländern (Italien und die USA heute, Spanien und Portugal früher), in denen die Opposition in erster Linie von der religiösen Rechten ausgeht, sehr verschieden ist. In Frankreich geht der Widerstand zugleich von der religiösen Rechten und, obwohl es schwer zu glauben und von außen betrachtet auch widersprüchlich ist, von einem Teil der Linken aus, genauer gesagt, von einem Teil der universitären und intellektuellen Linken. Die feindseligen Diskurse werden nicht selten von Leuten vorgetragen, die sich als Experten für die individuelle Psyche und das kollektive Leben ausgeben. Um die These von der Unmöglichkeit oder gar der Undenkbarkeit der gleichgeschlechtlichen Ehe und der homosexuellen Elternschaft zu untermauern, stützen sie sich auf ihre wissenschaftlichen Disziplinen, auf ihre angemaßte Wissenschaftlichkeit. Man hat darauf hingewiesen, dass sie sich mit denselben Argumenten bereit gegen den *Pacs* gewandt haben (es wäre sicherlich amüsant, jene apokalyptischen Prophetien, jene wahrhaft pathologischen Wahnschriften, die seinerzeit in bestimmten »linken« intellektuellen Blättern erschienen, einer erneuten Lektüre zu unterziehen). Doch diesmal ist der Einsatz für sie sogar noch höher, denn es geht nun darum, die homosexuelle Elternschaft zu verbieten, genauer gesagt, geht es darum, dass sie faktisch nicht in der Lage sind, die rechtliche Anerkennung der nicht heterosexuellen Elternschaft zu verhindern. Wenn ich von intellektuellen »Disziplinen« spreche, so denke ich dabei natürlich zuerst an die Psychoanalyse, und zwar einerseits an die Psychoanalyse als spezifischen Diskurs, andererseits aber auch an die Psychoanalyse im weiteren Sinne, die in das gesamte gesellschaftliche und kulturelle Feld ausgestrahlt und beinahe den gesamten homophoben Diskurs der letzten Jahre – auf Wegen, die es zu studieren gälte – mit ihren ideologischen Schemata versorgt hat (all diese Texte gehören der Art von Diskursen an, die Michel Foucault »grotesk« nannte). Die psychoanalytischen oder von der Psychoanalyse inspirierten Diskurse beherrschen die Kolumnen der französischen Zeitungen, die Radiosendungen und das Fernsehen, um immer wieder zu proklamieren: »Wir müssen die sexuelle Differenz verteidigen!« Und um immer wieder zu rezitieren: »Ödipus, Ödipus, Ödipus!«

Die Gesellschaft wird also vor die alles entscheidende Wahl zwischen Ödipus und Wahnsinn gestellt. Und wenn diese Leute »Ödipus« sagen, dann meinen sie damit nichts anderes, als dass ein Kind von einer Mutter und von einem Vater aufgezogen werden soll. Ohne Empörung oder schallendes Gelächter hervorzurufen, behaupten lacanianische Psychoanalytiker_innen, dass die »symbolisch modifizierten« Kinder (also Kinder, die von zwei Vätern oder zwei Müttern erzogen wurden) in 30 Jahren nicht mehr zu sprechen in der Lage sein werden, weil ihnen zufolge der Zugang zum Symbolischen, zur Sprache, zur menschlichen Kultur nur durch den doppelten Bezug zum Vater und zur Mutter eröffnet werden kann. Es ist nicht leicht zu verstehen, was das bedeuten soll, oder wie man derartige Dinge überhaupt von sich geben kann, wie man sie zu allem Überfluss auch noch in linken Zeitungen von sich geben kann, die solche Texte annehmen oder sogar als »Meinungsstücke« in Auftrag geben (als »débat des idees«, wie es in Frankreich heißt, doch was für eine Debatte, was für Ideen!), obwohl so viele Kinder von alleinerziehenden Vätern oder Müttern oder in komplexeren Arrangements und Familienkonstellationen großgezogen werden (etwa in erweiterten Familien, oder mit mehreren Eltern). Der psychoanalytische Diskurs gelangt so zu einem Schluss, der nicht nur rückständig und lächerlich, sondern auch beleidigend ist. Ich würde sagen, dass er letztlich einfach nur eine Beleidigung ist – eine Beleidigung der Eltern und der Kinder, die in einer Situation leben, die so dargestellt wird, als führte sie direkt in den Wahnsinn, in die Unfähigkeit, an der menschlichen Realität teilhaben zu können. Es handelt sich um eine Beleidigung, da es sich um reale Personen handelt, und man kann sich vorstellen, was für ein Gefühl der Exklusion sie verspüren müssen – mehr noch als Roland Barthes oder ich – wenn sie derartige Aussagen hören, durch die sie als Barbaren dargestellt werden, deren Kindern der Status eines menschlichen Subjekts für immer verwehrt bleiben wird, weil sie nicht sprechen können, usw. *ad nauseam*. Doch es ist nicht nur ein äußerst gewalttätiger, sondern auch ein verrückter Diskurs, ein Diskurs von Verrückten, der darin besteht, die Wirklichkeit zu verneinen. Wie kann man per Dekret verkünden, dass die Wirklichkeit, die einen umgibt, unmöglich oder gar undenkbar sei, und dass man diese Sichtweise nur zulassen müsse, um es zu sehen?

Man fühlt sich hier an eine Szene aus Bertold Brechts *Das Leben des Galilei* erinnert, in der Galilei seinen aristotelischen Gesprächspartnern vorschlägt, die Welt durch sein neues Fernrohr zu betrachten, worauf sie antworten, dass man zuerst wissen müsse, ob das, was er ihnen zeigen will, auch möglich sei:

> Galilei: [...] Ist es den Herren angenehm, mit einer Besichtigung der Jupitertrabanten zu beginnen, der Mediceischen Gestirne?
>
> [...]
>
> Der Philosoph: [...] Ich fürchte, das alles ist nicht ganz so einfach. Herr Galilei, bevor wir Ihr berühmtes Rohr applizieren, möchten wir um das Vergnügen eines Disputs bitten. Thema: Können solche Planeten existieren?
>
> Der Mathematiker: Eines formalen Disputs.
>
> Galilei: Ich dachte mir, Sie schauen einfach durch das Fernrohr und überzeugen sich?
>
> [...]
>
> Der Mathematiker: [...] Es ist Ihnen natürlich

bekannt, dass nach der Ansicht der Alten Sterne nicht möglich sind, die um einen anderen Mittelpunkt als die Erde kreisen, noch solche Sterne, die im Himmel keine Stütze haben?

Galilei: Ja.

Der Philosoph: Und, ganz absehend von der Möglichkeit solcher Sterne, die der Mathematiker [...] zu bezweifeln scheint, möchte ich in aller Bescheidenheit als Philosoph die Frage aufwerfen: sind solche Sterne nötig? Aristotelis divini universum...

Galilei: Sollten wir nicht in der Umgangssprache fortfahren? Mein Kollege, Herr Federzoni versteht Latein nicht.[72]

Vergessen wir also das psychoanalytische Latein und die Referenzen auf die Ratschläge der Alten (das Universum nach Freud und Lacan) und sprechen wir eine Sprache, die alle verstehen. Eine Sprache, in der die Frage nicht lautet: »Ist eine andere Form der Familie möglich?« – wir wissen bereits, dass sie möglich ist, denn sie existiert bereits –, sondern: »Ist eine andere Form der Psychoanalyse möglich?« Und wenn die Antwort auf diese Frage nein ist, wie ich zu glauben geneigt bin, wie kann man dann den intellektuellen und politischen Terror beenden, der im dogmatischen und engstirnigen Geist dieser Pseudo-Wissenschaft verübt wird?

Im Moment ist die Psychoanalyse ein etwas überholter und verzweifelter Diskurs der gesellschaftlichen Kontrolle, der Schließung menschlicher Möglichkeiten. Die

---

72 Bertold Brecht: »Leben des Galilei.« In: *Ausgewählte Werke in sechs Bänden.* Bd. 2. Frankfurt am Main 2005. S. 39f.

Psychoanalytiker_innen bewachen die Grenzen. Denn der ideologische Mythos des Ödipus dient hier in erster Linie der Disziplinierung und Normativierung. Vor allem fungiert er aber als Element eines politischen Diskurses, der sich anmaßt, das Recht machen und das Gesetz sprechen zu können. Die Psychoanalytiker_innen in Frankreich verstehen es, die individuelle Psyche zu fabrizieren und ihre Normalität zu garantieren, indem sie nicht nur in öffentliche Debatten eingreifen, sondern auch in den parlamentarischen Kommissionen Einfluss ausüben, die an der Ausarbeitung von Gesetzestexten beteiligt sind. So wurde beispielsweise das Gesetz, das ledigen Frauen und lesbischen Paaren die künstliche Befruchtung verbietet, von Psychoanalytiker_innen formuliert. Künstliche Befruchtung ist nur Frauen gestattet, die seit mindestens zwei Jahren in einer heterosexuellen Beziehung leben, also verheiratet sind oder in einer anerkannten Lebensgemeinschaft leben, in der eine_r der Partner_innen unfruchtbar ist.

Die Psychoanalyse ist also eine Technik der Normalisierung und der »Ödipuskomplex« ist eines der entscheidenden Rädchen in dieser Maschine.

Und das behaupte nicht nur ich! Tatsächlich bestätigt Lacan selbst, auf sehr explizite Weise und mit all der Brutalität, die stets mit seinen Worten und Gesten einhergeht, dass der Ödipuskomplex eine normativierende Maschine sei:

> Wenn die analytische Theorie dem Ödipus eine normativierende Funktion zuweist, so sei daran erinnert, dass unsere Erfahrung uns lehrt, dass es nicht

ausreicht, dass sie das Subjekt zu einer Objektwahl hinführt, sondern dass überdies diese Objektwahl eine heterosexuelle sein muss. Unsere Erfahrung lehrt uns aber auch, dass es nicht genügt, heterosexuell zu sein, um es regelgerecht zu sein, und dass es alle möglichen Formen der Heterosexualität gibt. Die offen heterosexuelle Beziehung kann gelegentlich eine Atypie in der Position verheimlichen, für die uns die analytische Untersuchung zeigen wird, dass sie beispielsweise auf eine offen homosexualisierte Position zurückgeht. Es reicht also nicht aus, dass das Subjekt nach dem Ödipus in der Heterosexualität ankommt; das Subjekt, Mädchen oder Junge, muss so darin ankommen, dass es seinen korrekten Platz im Verhältnis zur Funktion des Vaters einnimmt. Das genau ist das Zentrum der gesamten Problematik des Ödipus.[73]

Während seiner gesamten Karriere und während der gesamten Entwicklung seines Denkens hat Lacan nicht aufgehört, die Problematik des Ödipuskomplexes immer wieder neu zu durchdenken. Doch es scheint mir evident, dass es in seinen sukzessiven Ausarbeitungen im Kern immer darum geht, die ödipale Struktur als eine normative Instanz zu begreifen. Der Ödipuskomplex dient dazu, die Normalität aufrecht zu erhalten und er erlaubt, all das, was nicht Teil dieser Normativität ist, im Sinne der Perversion zu begreifen. Die Perversion ist auf die ödipale Struktur bezogen, auf ihr gutes oder schlechtes Funktionieren.

---

73 Jacques Lacan: *Die Objektbeziehung. Das Seminar, Buch IV.* Übers. v. Hans-Dieter Gondek. Wien / Berlin 2011. S. 238.

Lacans Werk ist von Anfang bis Ende von der Sorge um die Macht des Vaters, um die Macht der Familienväter und der Männer in der Gesellschaft getragen. In seinem Artikel über die »Familienkomplexe« von 1938 betrauert Lacan, dass die »Kämpfe« seiner Zeit, also der Feminismus, die Vaterimago schwächen und zu einer Entmännlichung der Gesellschaft führen. Sein Interesse für die Homosexualität rührt (wie er in diesem Text klar und deutlich erklärt, denn damals versteckt er sich noch nicht hinter einer Maske) daher, dass seiner Meinung nach die Mechanismen, die für die männliche Homosexualität verantwortlich sind, wie eine Art Vergrößerungsspiegel für die allgemeine Entmännlichung der Männer und der Gesellschaft funktionieren. Diese Wehklage über den »erniedrigten Vater«, über die »Unzulänglichkeit des Vaters«, gehörte zu den großen Themen des konservativen Denkens der 1920er, 30er und 40er Jahre, in das er sich distanzlos einschreibt. Lacans Lehre wiederholte diese Vorstellung immer wieder, bestimmte aber gleichzeitig die Funktion des Vaters als etwas, das über die gesellschaftlichen Kämpfen und Veränderungen, die seiner Meinung nach in den 30er Jahren seine Funktion bedrohten, erhaben war. Er wies dem Vater einen Platz zu und verlieh ihm einen Status und eine (symbolische) Funktion, die nicht nur aller Kultur vorausging, sondern sogar den Eintritt in die Kultur und den Zugang zum Status eines menschlichen Subjekts ermöglichte.

Und deswegen legt er seinen Hörern im Seminar V *Die Bildungen des Unbewussten* sein Rezept für die Heilung von Homosexuellen vor. Wenn man es nicht schafft, sie zu heilen, obwohl sie doch heilbar sind, so müsse es daran liegen, dass man nicht verstanden habe, dass kein umgekehrter, sondern ein normaler Ödipuskomplex vorliege. Wenn die Mutter dem Vater das Gesetz vorschreibt... dann identifiziert sich das Kind (der Sohn) mit dem Gesetz der Mutter und nicht mit dem Vater... und wird dadurch homosexuell (das heißt, er erwartet von seinem Partner, dass er einen Penis hat... denn das, was Lacan das »Geheimnis der Homosexualität« nennt, dessen Lösung er sich rühmte, bestehe darin, dass der Homosexuelle... von seinem Partner fordert... einen Penis zu haben. Man kann diese große Weisheit gar nicht genug loben!)

Die Polarität von Vater und Mutter ist für das Ganze natürlich fundamental. Es gibt keine Wirklichkeit vor dem Diskurs, die Positionen werden von der Sprache zugeschrieben, die die Wirklichkeit begründet und organisiert und in diesem Rahmen kann das Andere »nur das andere Geschlecht sein«.[74] Und die Positionen lassen sich natürlich klar unterscheiden, da:

> der Ödipus im wesentlichen androzentrisch oder patrozentrisch ist. Diese Asymmetrie ruft quasi historische Betrachtungen aller Art auf den Plan, die uns dazu verhelfen können, den Grund für diese Überwertigkeit auf soziologischer, ethnographischer Ebene zu erkennen. Die Freud'sche Entdeckung, die es ermöglicht, die subjektive Erfahrung zu analysieren, zeigt uns die Frau in einer Position, die, wenn man das so sagen

---

[74] Jacques Lacan: *Encore. Das Seminar von Jacques Lacan. Buch XX*. Übers. v. Norbert Haas, Vreni Haas u. Hans-Joachim Metzger. Weinheim / Berlin: Quadriga 1986, S. 44

kann – schließlich habe ich von symbolischer Ordnung, Anordnung oder Ordination gesprochen –, eine untergeordnete ist. Der Vater ist für sie zunächst Objekt ihrer Liebe [...]. Dieses Liebesobjekt wird anschließend zu demjenigen, der das Objekt der Befriedigung, das Objekt der natürlichen Beziehung des Gebärens von Kindern gibt. Von da an ist für sie nur ein wenig Geduld vonnöten, damit sich an die Stelle des Vaters endlich derjenige wird setzen können, der genau dieselbe Rolle, die Rolle des Vaters ausfüllen wird, indem er ihr tatsächlich ein Kind geben wird.[75]

Diese klar unterschiedenen Positionen lassen sich nicht nur empirisch beobachten, sie entspringen einer absoluten Notwendigkeit: In einer ironischen Bemerkung über das Scheitern vieler Kommunen ruft Lacan die Notwendigkeit der Familienordnung und der doppelten symbolischen Beziehung in Erinnerung:

> Die Funktion als Überrest, die die eheliche Familie in der Evolution der Gesellschaften einnimmt (und aufrechterhält), betont nur das *Irreduktible an der Übertragung* – das nicht der Ordnung des Lebens gemäß der Befriedigung der Bedürfnisse angehört –, das *subjektiv verfasst* ist und die Beziehung zu einem Begehren impliziert, das nicht anonym ist.
>
> Die Funktionen der Mutter und des Vaters müssen nach einer solchen Notwendigkeit beurteilt werden. Die der Mutter insofern ihre Sorge das Merkmal eines partikularisierten Interesses trägt, sei es auch durch

[75] Jacques Lacan: *Die Objektbeziehung. Das Seminar, Buch IV.* Übers. v. Hans-Dieter Gondek. Wien / Berlin 2011. S. 240.

> ihre eigenen Mängel. Die des Vaters insofern sein Name der Vektor einer *Verkörperung des Gesetzes* im Begehren ist.[76]

Die Mutter steht also auf der Seite der Natur und der Sorge, der Vater hingegen auf der Seite der Kultur, der Sprache und des Gesetzes (was darauf hinausläuft, die Frauen in die Sphäre des Häuslichen und die Männer in die Sphäre der Politik zu verweisen). Wie derartiges reaktionäres Zeug im intellektuellen Leben Frankreichs immer noch prosperieren kann, versetzt immer wieder in Erstaunen. Und ich muss sagen, dass ich es sogar noch erstaunlicher finde, dass Lacan, insbesondere in den USA und in der angelsächsischen Welt, als radikaler und subversiver Denker angesehen werden kann – und das in einem Maß, dass seinem gesamten, fundamental maskulinistischen, antifeministischen und homophoben ideologischen Apparat in Büchern und Artikeln, die sich das Label einer kritischen Theorie anheften, der Status eines zentralen Referenzpunktes zugeschrieben wird. Der Export zeitigt ausgesprochen merkwürdige Effekte! Es gibt sogar einen ganzen Feminismus der »sexuellen Differenz«, der häufig von Lacan, zumindest aber von der Psychoanalyse (oder ihren anthropologischen Gegenstücken) inspiriert ist und der sich, im Namen dieser sakrosankten Differenz und im Kampf gegen die homosexuelle Bedrohung, zu einem äußerst homophoben Feminismus entwi-

---

76 Jacques Lacan: »Notes sur l'enfant.« In: *Autres écrits*. Paris 2001. S. 373.

ckelt hat, der sich gegen die Rechte von Schwulen und Lesben wendet.[77]

Bedenkt man, dass die Psychoanalyse von Deleuze und Guattari vor 30 Jahren einer radikalen Kritik unterzogen wurde, ermisst man erst, wie stark die konservative Restauration der 80er und 90er Jahre das Denken in Frankreich beeinflusst hat und was für eine entscheidende Rolle die Psychoanalyse im Verbund mit neoliberalen und neopersonalistischen akademischen Kreisen (es sind meistens dieselben) dabei gespielt hat.

III.

Jedenfalls ist es dringend notwendig, das Buch von Deleuze und Guattari zu »aktualisieren« – und zwar im doppelten Sinn des Wortes. Es ist nicht nur höchste Zeit, entgegen der aktuellen Inflation des »ödipalen« Diskurses, der von Deleuze und Guattari in jenem großartigen Buch von 1972 entwickelten Kritik wieder ihren angemessenen, zentralen Platz einzuräumen. Es ist höchste Zeit, dieser Kritik ihre zersetzende Kraft, ihre ganze Radikalität im Kampf gegen eine Psychoanalyse wieder-

77 Ich denke dabei insbesondere an Julia Kristeva, wobei sie sich nicht ohne weiteres als »Feministin« begreifen lässt, zumal sie selbst dieses Label explizit abgelehnt hat. Homophob aber ist sie zweifellos. Man könnte andere Autor_innen aus der zweiten Reihe nennen, die sich mal als »Philosoph_innen«, mal als »Soziolog_innen«, immer aber als »Feminist_innen« präsentieren und die im Namen eines derart verstandenen Feminismus – der darin besteht, die »sexuelle Differenz« zu verteidigen, oder den »Unterschied der Geschlechter« und ähnlich groteske Dinge – ohne Unterlass ihre pathetische Ablehnung der homosexuellen Ehe und Elternschaft wiederkäuen.

zugeben, die im Bündnis mit all jenen (religiösen, politischen, medialen, akademischen usw.) Kräften versucht, das Unbewusste und das Begehren zu disziplinieren, die Zukunft zu verschließen und die Gegenwart zu verneinen.

Michel Foucault hat 1973 eine hervorragende Zusammenfassung dieses Werks gegeben, in dem er den Ödipuskomplex als ein weitgehend überholtes Problem bezeichnet – überholt von eben jenem Buch. Man sieht, wie sich die Dinge in den letzten 30 Jahren verändert haben: »Nach Deleuze und Guattari ist Ödipus also nicht der geheime Inhalt unseres Unbewussten, sondern die Form des Zwanges, den die Psychoanalyse unserem Begehren und unserem Unbewussten in der Analyse aufzuerlegen versucht. Ödipus ist ein Machtinstrument, mit dessen Hilfe Ärzte und Psychoanalytiker Macht über das Begehren und das Unbewusste auszuüben versuchen.«[78]

Heute dient der Ödipuskomplex jedoch nicht mehr nur im Rahmen der Therapie als Machtmittel. Er hat vielmehr die Polis, er hat (insbesondere in den Zeitschriften) den Raum der Politik und der Kultur erobert, in dem das Psychoanalytische prosperiert.

Auf dem Feld des Geistigen wird also ein Kampf ausgetragen: Auf der einen Seite steht die Psychoanalyse (sei sie nun lacanianisch oder nicht), auf der anderen Seite steht das Denken, das versucht, mit der Innovation

---

[78] Michel Foucault: »Die Wahrheit und die juristischen Formen.« Übers. v. Reiner Ansén. In: Ders.: *Schriften*. Bd. II. 1970-1975. Hg. v. Daniel Defert u. François Ewald. Frankfurt am Main 2014. S. 669-811. Hier: S. 687.

zu gehen und die innovativen Bewegungen zu fundieren. Für diesen Kampf brauchen wir die Schriften von Deleuze und Guattari. Für diesen Kampf müssen wir ihre Bücher, angefangen beim *Anti-Ödipus*, wieder in unsere Gegenwart einschreiben, sie »aktualisieren«.

Es ist jedoch nicht minder notwendig, diese inzwischen schon alten (und dennoch immer noch neuen) theoretischen Ausführungen mit dem, was heute in der Gesellschaft und im Denken geschieht, mit der sich schreibenden Geschichte, in Einklang zu bringen. Man muss die »Aktualisierung« also auch noch in einem anderen Sinn verstehen: Es gilt, die Kritik des Ödipuskomplexes neu zu schreiben. Wie viel Verehrung man dem Werk oder den Werken von Deleuze und Guattari im Allgemeinen auch entgegenbringen mag, man kann sich nicht damit begnügen, ihre Lehre zu rezitieren und das zu wiederholen, was sie vor mehr als 30 Jahren geschrieben haben. Der *Anti-Ödipus* wurde natürlich im Zuge der Ereignisse rund um den Mai 1968 geschrieben, im Umkreis der kritischen Bewegungen, die in dieser Zeit entstanden, also im Umkreis des Feminismus und der Schwulenbewegung (die eine andere war als die heutige). Sie entwickelten, wie Foucault sagen würde, eine Diagnostik der Gegenwart und versuchten, ausgehend von dieser Diagnostik, einen Raum der Freiheit und der Freiheiten zu eröffnen. Genau diese Geste gilt es heute am Leben zu halten, indem man sie mit der neuen Situation in Berührung bringt, mit dem, was die schwule und lesbische Bewegung in unserer heutigen Gesellschaft hervorbringt, mit dem Kampf um die homosexuelle Ehe und um die rechtliche Anerkennung der homosexuellen Elternschaft. In keinem Fall darf man sich in einem Diskurs einrichten, der »den 70er Jahren treu bleibt«. Viele Menschen in meiner Umgebung sind der Meinung, dass die homosexuelle Ehe einen Verrat an den 70er Jahren darstellt. Doch ganz abgesehen davon, dass mir der Vorwurf des »Verrats« in höchstem Maße suspekt ist – in jedem Fall ist er, wenn er von denjenigen, die sich als »subversiv« präsentieren (deren »Subversion« aber nur in der Wiederholung der früheren Gesten besteht), vorgebracht wird, höchst paradox –, sehe ich nicht, warum man die 70er als einen Ausgangspunkt nehmen sollte, der zugleich auch noch das Ziel darstellen soll. Gerade so, als hätte es davor nichts gegeben und als wäre seitdem nichts mehr geschehen, als hätte dort alles begonnen und als müsste alles dort enden. Das macht keinen Sinn, weder historisch noch politisch.

Es gab vor den 70er Jahren durchaus andere Identitäten, andere Bestrebungen, andere Lebensweisen. Warum sollte man sie aus der Geschichte tilgen? Und selbst während der 70er Jahre gab es andere Bestrebungen als diejenigen, die von den radikalen und »liberationistischen Bewegungen«[79] vertreten wurden. Und selbst innerhalb der »liberationistischen« Bewegung gab es, wie George Chauncey kürzlich in Erinnerung gerufen hat, Aktivist_innen, die für das Recht auf Eheschließung kämpfen wollten, auch wenn sich ihre Aktionen und Dis-

---

79 [Mit den »mouvements liberationnistes« verweist Didier Eribon in erster Linie auf den Begriff des *Mouvement de la libération des femmes* (MLF), der die französische Ausprägung des *second-wave* Feminismus bezeichnet. Anm. d. Übers.]

kurse nicht in der Geschichte und im kollektiven Gedächtnis der schwulen und lesbischen Bewegung halten konnten.[80]

Ich glaube, die Frage der homosexuellen Ehe ist einer der großen blinden Flecken der schwulen und lesbischen Geschichte. Jedenfalls gibt es für mich allgemein kein Erbe, das nicht bereits gefiltert, neu gedacht und bearbeitet ist – und insbesondere kein Erbe der 70er Jahre.

Deleuze und Guattari haben vorgeschlagen, die Vorstellung eines Unbewussten, das wie eine (ödipale) Sprache strukturiert ist, durch eine Vorstellung vom Unbewussten zu ersetzen, der zufolge es wie eine Begehrensmaschine strukturiert ist, die sich mit den geographischen, nationalen, politischen, historischen, ethnischen usw. Realitäten verbindet. Was sie in *Für eine kleine Literatur* über Kafka und über Céline in dieser Hinsicht geschrieben haben, ist bewundernswert – auch wenn sie ihre Analyse nicht bis zur letzten Konsequenz einer vollkommen historischen, gesellschaftlichen und politischen Auffassung des Unbewussten treiben. Einer ihrer stärksten Einwände gegen die Vorstellung des Ödipuskomplexes ist sicherlich, das Unbewusste von der Familie loszulösen. Ihre Bücher enthalten eine radikale Kritik des Familienglaubens der Psychoanalyse – und der Einschränkung des Begehrens auf »Papa-Mama«, auf die Familienstruktur (man denke nur an die vernichtenden Seiten über Melanie Klein). Es geht darum, das Unbe-

80 Vgl.: George Chauncey: *Why Marriage? The History Shaping Today's Debate Over Gay Equality.* New York 2005.

wusste in die Welt zu verlegen. Genauer gesagt geht es darum, zu sehen, wie das Unbewusste bereits in der Welt liegt und wie der Psychoanalyse, indem sie es nur durch die Brille der familiären Beziehungen sieht, das Wesentliche entgehen muss. Das Unbewusste Célines wird nicht von seinem Vater heimgesucht, sondern vom Krieg, vom Volk, von der Rassifizierung usw.

Wie kann man diese Vorstellung des Unbewussten zurückweisen? Welches Kind und welcher Erwachsene wird heute nicht vom Krieg, vom Terrorismus, von der Gewalt, von der Migration, von den Fragen der Rassifizierung, der Geschlechterrollen und der sexuellen Orientierung heimgesucht? Und von der Verflechtung und Verschränkung dieser Dimensionen im eigenen Leben? Und das gilt umso mehr, als dem Ödipuskomplex, der uns als universale Struktur präsentiert wird, außerhalb der westlichen Welt keinerlei Bedeutung zukommt (vorausgesetzt, dass er zumindest innerhalb der westlichen Welt bedeutsam ist). Worin bestehen heute die Träume, die Albträume, die Phantasmen von afghanischen, irakischen, syrischen, kurdischen, israelischen, ruandischen, eritreischen Kindern, von Kindern und Erwachsenen, die migriert, exiliert oder vertrieben wurden?

Das Unbewusste ist keine Grammatik, es ist auch keine Sprache, sondern tatsächlich ein Fluss, der sich mit den Realitäten dieser Welt verbindet. Es funktioniert und verortet sich auf einer Ebene der Immanenz. Und deswegen wird es auch nicht von transzendenten symbolischen Gesetzen beherrscht (der Name-des-Vaters, der Phallus, die Kastration, die sexuelle Differenz, der Ödipuskomplex usw.), die andernfalls zu Bedingungen für den Eintritt eines Kindes in die Sphäre der menschlichen Subjektivität erklärt werden müssen.

Ich will keineswegs den schönen, von Deleuze und Guattari entwickelten Begriff eines Unbewussten zurückweisen, eines Unbewussten, das in die Welt verlegt ist und dadurch von der allumfassenden Familienstruktur (die wiederum auf das Vater-Mutter-Gespann reduziert wird) losgelöst wird – obwohl ich geneigt bin zu denken, dass diese Vorstellung letzten Endes den Begriff des Unbewussten, so wie er von der Psychoanalyse als allgemein anerkannte Lehre entwickelt und durchgesetzt wurde, insgesamt in Frage stellt. Ich frage mich einfach, ob nicht die homosexuelle Ehe und Elternschaft etwas ganz anderes sind als der Versuch, in einer Situation, in der sich lediglich die Definition der Familie verändert hat, das Unbewusste von Neuem auf die Familie zu beschränken. Ich frage mich, ob in dieser Forderung nicht eine der besten Möglichkeiten beschlossen liegt, unsere Vorstellung vom Unbewussten und die Kritik am Ödipuskomplex komplett zu erneuern – insbesondere die Kritik am Ödipuskomplex als einem notwendigen und unhintergehbaren Prinzip der psychischen Struktur. Nicht nur, weil sie uns von dem traditionellen ödipalen Dreieck (Vater-Mutter-Kind) befreit, sondern auch, weil es unser Unbewusstes und unser Begehren in die Politik und in die Umwälzung der gegebenen Welt verlegt. Wir können uns so als Teil dieser Welt begreifen, in der wir all die Schichten der Normativität und der normativierenden Funktionen abtragen, die Lacan mit so viel Energie festgesetzt und verteidigt hat. Indem wir das Unbewusste und das Begehren in diese Geschichte und in diese

Politik verlegen, können sich vielleicht die Möglichkeit einer anderen Zukunft und die Möglichkeit von neuen Formen der Subjektivierung eröffnen. Wer wären unsere Kinder, wenn sie nicht unter dem Gesetz des Ödipus geboren werden würden? Was würde eine Entödipalisierung des Familienlebens und was eine Entheterosexualisierung der Heiratsregeln und der Elternschaft bedeuten? Und was würde eine Entheterosexualisierung der Gesetze und des Rechts bedeuten? Ich bin kein Prophet, ich kenne die Antwort nicht. Ich erkenne einfach nur, dass diese Zukunft, die sich ankündigt, mehr bedeutet als die Tatsache, dass einer Gruppe von Individuen (und somit von Paaren, Familien, Beziehungsarrangements usw.) neue Rechten gewährt werden. Sie bedeutet auch das Aufkommen von neuen Formen der Subjektivierung und eines neuen Unbewussten.

Ich möchte sogar die Frage aufwerfen, ob sich nicht in der homosexuellen Ehe und Elternschaft, auf unerhörten und vielleicht auch paradoxen Wegen, die von Deleuze und Guattari entwickelte Prophezeiung einer entödipalisierten Gesellschaft erfüllt.

Welche neuen Formen der Subjektivierung, welche neuen kognitiven Strukturen werden sich aus diesem neuen gesellschaftlichen, familiären und kulturellen Raum herausbilden, der vor unseren Augen entsteht, befreit von der Last des Ödipuskomplexes als Gesetz, von der Heterosexualität als politischem System und als Grundlage des Rechts?

Um sich das vorstellen zu können, muss man sich zuerst von jenen radikalen Diskursen freimachen, die vorschreiben wollen, wie die Homosexualität zu sein hat, um subversiv zu sein. Man muss sich insbesondere von der Weise freimachen, wie sich Deleuze und Guattari innerhalb der allgemeinen Ökonomie ihrer anti-ödipalen Offensive der Frage der Homosexualität nähern. Denn sie kommen nicht über eine merkwürdige Passage aus Prousts *Sodom und Gomorrha* hinaus, in der Proust zwischen einer Homosexualität, in der die »Umgedrehten«[81] ganz »unter dem Zeichen Saturns stehen«, und einer Homosexualität, in der sie ein Interesse für (lesbische) Frauen haben, unterscheidet. Letztere spielen für eine »Frau, die Frauen liebt, die Rolle einer anderen Frau, und die Frau bietet ihnen fast dasselbe, was sie bei einem Mann finden.« Wenn Proust also in seiner Analyse der Homosexualität bisweilen die »Trennung« der Geschlechter bemüht – Sodom auf der einen, Gomorrha auf der anderen Seite –, so gibt es nach Deleuze und Guattari noch eine andere Ebene, auf der die Homosexualität nicht mehr »global und spezifisch« ist, sondern »lokal«, »partiell« und »nicht spezifisch«.[82] Man kann sich aber fragen, ob dieser Lobgesang auf die »partielle« und »unspezifische« Homosexualität uns nicht einfach zur Heterosexualität zurückführt – weil nämlich die einzige »Homosexualität«, die von ihnen gnädig aufgenommen wird, letzten Endes eine Beziehung ist, in der sich ein

---

81 [Das Wort »inverti«, das soviel wie »umgekehrt« oder »umgedreht« bedeutet, wird im Französischen auch für Homosexuelle verwendet. Anm. d. Übers.]

82 Vgl. Gilles Deleuze und Felix Guattari: *Anti-Ödipus. Kapitalismus und Schizophrenie I*. Übers. v. Bernd Schwibs. Frankfurt am Main 1977. S. 90. Vgl. auch: Gilles Deleuze: *Proust und die Zeichen*. Übers. v. Henriette Beese. Berlin 1993.

Mann und eine Frau vereinen, mag es sich dabei auch um einen verweiblichten Mann und eine männliche Frau handeln. Das zumindest scheint der Abschnitt von Proust nahezulegen, den Deleuze und Guattari ausgewählt und hervorgehoben haben. Handelt es sich dabei nicht um einen neuen Versuch, das heterosexuelle Privileg aufrechtzuerhalten, das man zuvor in ein revolutionäres Kleid gehüllt hat, um schließlich die wirklichen Homosexuellen, also die Menschen, die nur gleichgeschlechtlichen Sex haben, als verarmte Wesen zu begreifen, die den »globalen« und »spezifischen« (und deswegen nicht subversiven) Versionen der Homosexualität nachhängen.

Man sollte immer auf der Hut sein, wenn Heterosexuelle versuchen, anderen etwas über Homosexualität zu erklären, oder zu bestimmten, was die richtige Homosexualität sei, auch dann, wenn es im Namen der Befreiung und des Begehrens geschieht. Insbesondere wenn ihre Lehre auf die Forderung hinausläuft... nicht mehr homosexuell zu sein.

Überraschenderweise werden Deleuze und Guattari, wenn sie das »Globale« (die globale Homosexualität) zugunsten des »Partiellen« (der partiellen Homosexualität) verwerfen, zu der Unterscheidung und der Komplementarität von Mann und Frau zurückgeführt, zu eben jener Unterscheidung, die sie hinter sich lassen wollten. Sie kommen daher nicht über die Theorie der psychischen Inversion der Geschlechter hinaus, auf der Proust einen großen Teil seiner Analysen der Homosexualität gründet, insbesondere in dem angeführten Abschnitt. Der »Umgekehrte« ist eine Frau im Körper eines Mannes und die Lesbe ein Mann im Körper einer Frau. Die ganze

Rede von den »unspezifischen« Verbindungen beruht also auf einer ausgesprochen starren, vereinheitlichenden, synthetischen – ich würde sogar sagen sehr globalen und sehr spezifischen – Vorstellung von Homosexualität, die von der »Vielheit«, die ansonsten im *Anti-Ödipus* beschworen wird, denkbar weit entfernt ist. Diese von Proust entlehnte Vorstellung wird zu allem Überfluss von Proust selbst in Frage gestellt, da eine ganze Reihe von schwulen und lesbischen Charakteren in der *Recherche* nicht mit dieser aus der Psychiatrie übernommenen Vorstellung übereinstimmen (Saint-Loup etwa, oder Albertine).

Als sie den Begriff eines »partiellen Objekts« von Melanie Klein übernahmen, hätten Deleuze und Guattari vorsichtiger sein sollen. Sie hätten vermeiden sollen, ihn genau auf dieselbe Weise zu verwenden, wie Klein den Begriff des Ödipuskomplexes verwendet – eine Verwendung, die sie bekanntermaßen heftig angegriffen haben. Es zeigt sich hier eine gewisse Normativität im Herzen der subversiven Radikalität, die der Normativität der Psychoanalyse, die sie auflösen wollen, in nichts nachsteht. Doch muss die Homosexualität, um nicht mehr »ödipal« zu sein, nicht auch aufhören, Homosexualität zu sein? Es gibt mit Sicherheit andere Weisen die Entödipalisierung zu denken, und diejenige, die heute am Werk ist, scheint mir um einiges besser und um einiges subversiver zu sein als diejenige, die uns von den Autoren des *Anti-Ödipus* präsentiert wird.

Letzten Endes scheint es mir dennoch möglich, den *Ani-Ödipus* neu zu lesen und wiederzubeleben, indem man seine Kritik an der Psychoanalyse radikalisiert.

Denn obwohl das Buch die freudianischen und lacanianischen Begriffe des Unbewussten kritisiert, setzt es sich nicht zum Ziel, das Projekt der Psychoanalyse als solches zu zerstören. Deleuze sollte später sagen, dass er die Psychoanalyse vollkommen ablehne und dass er bereue, im *Anti-Ödipus* noch nicht so weit gegangen zu sein (wohingegen Guattari, der Analytiker war, immer versucht hat, die Psychoanalyse zu retten, wobei er immer an der Idee einer notwendigen Transformation des analytischen Denkens festhielt). Seit den frühen 70er Jahren hat sich auch Foucault dem Projekt verschrieben, das analytische Theoriegebäude, das für ihn zu den Dispositiven der Unterdrückung gehörte, zum Einsturz zu bringen. Dem Dispositiv des Gesetzes des Begehrens und der ödipalen Norm, diesen »Herrschaftstechniken«, stellte er die Idee einer Selbstherstellung entgegen, die sich neuer Beziehungsformen bedient – Formen, die er in der »gay culture« verwirklicht oder zumindest angekündigt sah, genauer gesagt, in den verschiedenen schwulen Subkulturen und in den Prozessen der Selbstschöpfung, die sie hervorbrachten.

Ich bin versucht, die Frage aufzuwerfen, ob die von Foucault vorgeschlagene Erfindung – von neuen Beziehungsformen, von neuen Formen der Subjektivierung, die dem Gerüst der gesellschaftlichen und analytischen Normativität entkommen – sich heute nicht, unter anderem natürlich, in Form der Frage der homosexuellen Ehe vollzieht (»Es gibt keine Zivilisation, bis die homosexuelle Ehe erlaubt ist«, hat Foucault während eines Abendessens zu Beginn der 60er Jahre zu Lacan gesagt). Wenn die Abstammung von der Ehe entkoppelt wird (was in unserer Gesellschaft schon weitgehend der Fall ist), so kann man beobachten, wie sich heute ein ganz neuer Raum von Möglichkeiten eröffnet, die Gefahr laufen, die Psychoanalytiker_innen und ihre religiösen und spiritualistischen Freund_innen in den Wahnsinn zu treiben. Man kann beobachten, dass sich tatsächlich für alle Individuen, ob sie nun ledig oder in einer Beziehung sind, ob sie heiraten wollen oder nicht, die Möglichkeit eröffnet, ein großes Feld von neuen Formen der Handlungsfähigkeit und der Arrangements zu erkunden.

Ich weiß, dass viele von der Normalisierung, die in der Idee der Ehe beschlossen zu liegen scheint, beunruhigt sind (und ich fühle mich sicherlich nicht selten sehr ähnlich). Doch wenn ich mir einerseits vor Augen führe, wie sehr sich die reaktionären Kräfte weltweit im Kampf gegen die homosexuelle Ehe vereinen, sage ich mir immer, dass sie so konformistisch nicht sein kann. Und andererseits sehe ich nicht, inwiefern die homosexuelle Ehe andere Lebensformen und andere Wahlmöglichkeiten einschränken sollte. Im Gegenteil scheint sie ein gutes Mittel zu sein, um die Gewalt der Beziehungsmodelle und die verheerende Uniformität der Normen in Frage zu stellen, um sie auf die Pluralität der Bestrebungen zu öffnen und um zu zeigen, dass es den Individuen offensteht, frei über die Lebensweise zu entscheiden, die ihnen gefällt. Und die Tatsache, dass die Bewegungen und die Forderungen die Gefahr einer künftigen oder auch einer gegenwärtigen Normalisierung mit sich bringen, sollte uns nicht davon abhalten, sie zu unterstützen. Denn einerseits ist es immer möglich, morgen das zu kritisieren, was wir gestern unterstützt haben, und andererseits ist es unsere

Aufgabe, die Bedeutung dessen, was heute geschieht, herauszuarbeiten. Und wir tragen einen Teil der Verantwortung dafür, was der Sinn dieser oder jener Forderung ist und sein wird.

Deswegen kann die nicht-psychoanalytische und anti-ödipale Politik und Ethik, die ich hier vorschlage, in meinen Augen auch als Politik und Ethik der Großzügigkeit beschrieben werden. Es steht niemandem von uns zu, darüber zu entscheiden, was für die Anderen in diesen Angelegenheiten wünschenswert ist. Und es ist die Aufgabe von uns allen, das, was von den Anderen für wünschenswert erachtet wird, möglich und zugänglich zu machen. Es geht also darum, die Grenzen auszulöschen, die den Individuen den Zugang zu dem, was sie sein wollen, verwehren und sie weiterhin nicht nur von dem ausschließen, was bereits existiert (wie es etwa bei Barthes und der Ehe der Fall war), sondern auch von all dem, was noch nicht existiert und was von nun an möglich scheint oder eines Tages möglich scheinen wird, ohne dass wie es vorhersehen hätten können.

Ich erinnere mich, dass Derrida irgendwo die Dekonstruktion als die Gerechtigkeit definiert hat: Die Dekonstruktion sei die Gerechtigkeit und die Gerechtigkeit sei die Dekonstruktion. Ich bin geneigt zu verkünden, dass die anti-ödipale Politik und die nicht-ödipale Ethik, die ich hier beschwöre – man mag sie *queer* nennen oder ihr irgendeinen anderen Namen geben, vielleicht auch einfach den Namen Demokratie – die Großzügigkeit ist.

Man könnte zum Beispiel sagen: Die *queere* Politik ist die Großzügigkeit und die Großzügigkeit ist *queere* Politik.

Oder auch: Die demokratische Ethik ist die Großzügigkeit und die Großzügigkeit ist die Ethik der Demokratie.

6. Heimgesuchtes Leben. Subjektivität, Sexualität, Kreativität.[83]

I.

Was bei meiner Lektüre des letzten Romans von Alan Hollinghurst *The Line of Beauty* besonders tiefe Spuren hinterlassen hat, war die letzte Seite, auf welcher der Protagonist von seiner AIDS-Erkrankung erfährt und sich fragt, ob er nach seinem Tod im Andenken seiner Freunde weiterleben wird.[84] Er stellt sich vor, wie sie morgens aufstehen und wie für einen kurzen Moment, bevor sie anfangen, ihren Alltagsgeschäften nachzugehen, seine geisterhafte Silhouette vor ihrem inneren Auge vorbeizieht, oder wie sie ein neu erschienenes Buch lesen und mit einer über die Jahre abstumpfenden Traurigkeit bedauern, dass er nicht lange genug gelebt hat, um es kennenzulernen. Die Halluzinationen dieses jungen Mannes, der von dem Vorgefühl seines nahen Todes überwäl-

---

83 Der Text gibt einen von zwei Vorträgen wieder, die ich im April 2008 anlässlich der Verleihung des James-Robert-Brudner-Memorial-Preises in Yale gehalten habe. Ich habe den Vortrag am 18.2.2009 anlässlich des Kolloquiums *Queer Bonds* an der University of California, Berkeley wiederholt, bevor er schließlich in der Zeitschrift *Qui parle. Critical Humanities and Social Sciences* (Nr. 18/2, Frühjahr/Sommer 2010) veröffentlicht wurde.

84 Alan Hollinghurst: *The Line of Beauty*. New York / London 2004 (deutsch: *Die Schönheitslinie*. Übers. v. Thomas Stegers. München 2005). Seitdem hat Hollinghurst noch ein weiteres Buch veröffentlicht: *The Stranger's Child*. London 2012 (deutsch: *Des Fremden Kind*. Übers. v. Thomas Stegers. München 2012).

tigt wird und der die Anwesenheit seiner Abwesenheit in die Zukunft projiziert, haben mir die Augen für eine Wahrheit eröffnet, die zwar immer offenkundig war, mir aber nie mit einer solchen Klarheit erschienen ist: Seit fast dreißig Jahren finde ich mich immer wieder – finde ich mich also immer – in der Situation jener Freunde wieder, von denen die Figur aus dem Roman sich fragt, ob und wie lange sie sich in der Zukunft an sie erinnern werden. Da ich zu einer Generation von Schwulen gehöre, die von der Krankheit wie von einem Schlag getroffen wurde, noch bevor man wusste, worum es sich überhaupt handelte und bevor man wusste, wie man sich und andere schützen kann, begreife ich mich seit Langem als Überlebenden, als jemand, der das beinahe wundersame Glück hatte, der Ansteckung zu entgehen. Was ich jedoch erst durch die Lektüre von Hollinghurst begriff oder was mir sein Buch zumindest besser auszudrücken verhalf: Mein Leben wird von all denen heimgesucht, die um mich herum von der Krankheit fortgerissen wurden, von all denen, die ich überlebt habe.

Wenn es sich um Menschen handelte, die geschrieben haben, überlege ich zum Beispiel immer was sie wohl veröffentlicht hätten. Ich versuche mir vorzustellen, in welche Richtung sich ihre Arbeit entwickelt hätte. Eines meiner ersten Bücher, das ich vor mehr als zwanzig Jahren geschrieben habe, war eine Biographie von Michel Foucault, meine Art, einem verstorbenen Freund Tribut zu zollen – und seinem abgebrochenen Werk. Denken wir nur an seine *Geschichte der Sexualität*, die er nie fertigstellen konnte. Seitdem ich dieses Buch geschrieben habe, habe ich nie aufgehört zu versuchen, die kritische Energie, von der sein Weg getragen wurde, am Leben zu erhalten, im Kampf gegen all jene, die in Frankreich in den 80er und 90er Jahren mit so viel Verbissenheit, mit so viel Hass und mit so viel Zorn versuchten, das Erbe der 60er und 70er Jahre auszulöschen, all das, was theoretisch und politisch aus diesen brodelnden und überkochenden Momenten hervorgegangen ist und, in jüngerer Vergangenheit, gegen all jene, die es sich zum Ziel gemacht haben, die hartnäckige Widerspenstigkeit und die aufrührerische Kraft seines Werks mit frenetischer Inbrunst der entpolitisierenden und neutralisierenden Logik des akademischen Kommentars preiszugeben – bis an den Punkt der Karikatur, an dem sie mit großer Geste seine politischen Vorlesungen über Bord warfen, um ihm den Weg in die Universität zu ebnen. Was sie für einen »Sieg« hielten, ist in Wahrheit eine Niederlage, denn das Projekt, das sie in die Universität einführten, hat nur noch eine entfernte Ähnlichkeit mit dem, was diese Institution so beharrlich ausschloss. Man beugt sich nie ungestraft unter ein Joch – vor allem dann nicht, wenn man es freiwillig tut.

Vielleicht gilt das im Allgemeinen für alle, die ich gekannt habe: Ganz unabhängig von ihrem Alter, ihrem Beruf, ihrem sozialen Status, ganz unabhängig davon, wie nah sie mir auch standen. Ich kann behaupten, dass sie alle noch bei mir sind, dass sie ein Teil meiner Existenz sind, auch dann noch, wenn ihre Gesichter und ihre Namen nur noch selten vor meinem inneren Auge erscheinen. Gilles Deleuze hat immer gesagt, dass es in jeder und jedem von uns mehrere Personen gibt. Es stimmt, dass das Ich durch Begegnungen, Freundschaften, Abneigungen, Gespräche und vieles mehr konstituiert wird – und so entstehen viele Leute. Es bedeutet aber auch, dass das Ich von all dem konstituiert wird, was die Toten in uns hinterlassen haben.

Ich weiß, dass das, was ich beschreibe, nicht auf AIDS beschränkt ist: Es gilt für jede Art der Trauer und für jede Weise, wie die Toten in unseren Leben fortbestehen. Trauer ist immer und im stärksten Sinn des Wortes unabschließbar, weil einerseits das, was wir sind, zumindest teilweise von den Dingen und von den Menschen konstituiert wird, die wir verloren haben und weil andererseits die Wirklichkeit, die auf uns zukommt, unwiderruflich dadurch beschädigt ist, dass die Verstorbenen nicht mehr an der Welt teilhaben können. Das ist insbesondere dann der Fall, wenn der Verlust nicht nur eine Person, sondern eine große Zahl der Menschen betrifft, die das Universum ausmachen, in dem wir leben. In einem Text, den er kurz nach dem Zweiten Weltkrieg geschrieben hat, fragt sich Merleau-Ponty, wie sein Leben weitergehen wird, das er in Abwesenheit all derer fortführen muss, die er während des Krieges verloren hat, nicht nur im Gefühl des Schmerzes, das ihr Verlust zeitweise hervorruft, sondern auch im Wissen, dass unser Leben für immer von all dem heimgesucht wird, was die Verstorbenen hätten sein und tun können, von all dem, was sie nicht sind und nicht tun.[85]

---

85 Vgl.: Maurice Merleau-Ponty: »Der Krieg hat stattgefunden.« In: *Sinn und Nicht-Sinn.* Übers. v. Hans-Dieter Gondek. München 2000. S. 187-206.

Assia Djebar hat in einem erschütternden Buch, in dem sie ihrer im Algerien der 90er Jahre ermordeten Freund_innen gedenkt, darauf hingewiesen, dass an die »verschwundenen Liebsten« zu denken, die uns brutal und kollektiv genommen wurden, immer bedeutet, in der Zeit des »danach« an sie zu denken, also in dem Leben, das wir nach ihrem Tod fortführen. »Sind sie wirklich verschwunden?«, fragt sie sich und antwortet: »Nein, ich weigere mich.« Denn sie will das Gespräch mit ihnen fortführen. Und »glücklicherweise sprechen sie oft mit mir, meine ‚Lieben'. [...] Sie sind nicht verschwunden, sie sind da; manchmal nähern sie sich mir, gemeinsam oder jeder für sich... Flüsternde Schatten.«

Sie weiß genau, dass sie nicht mehr da sind, dass sie »mitten unter den Überlebenden« ist. Und dennoch wird sie von den Verstorbenen heimgesucht, »am helllichten Tag, überall«.

Sie lebt also von da an zugleich mit ihnen und ohne sie: mit ihrer abgebrochenen Zukunft, die sich in ihr und durch sie dennoch realisiert. Außerdem kann sie sich an das halten, was sie ihr noch immer sagen. Ihre Existenz und ihr Denken zehrt, wie sie schreibt, von dem, »›was danach war‹ und was ich in dieser Zeit über sie erfahren habe«.[86]

---

86 Assia Djebar: *Weißes Algerien.* Übers. v. Hans Thill. Zürich 2000. S. 11f.

II.

Ich bin dennoch überzeugt, dass es ein Spezifikum – ich würde sagen: ein schwules Spezifikum – in der Gemeinschaft der Toten gibt, die durch die AIDS-Epidemie hervorgebracht wurde, durch eine Krankheit, deren Verheerungen zu Beginn der 80er Jahre spürbar wurden. Diese Gemeinschaft der Toten sucht die gegenwärtige schwule Subjektivität und das Unbewusste jedes Homosexuellen heim – denn jeder von uns ist einer der Freunde, von denen die erkrankte Figur bei Hollinghurst spricht. Auch die Überlebenden bilden eine Gemeinschaft, die durch die gespenstische Präsenz derjenigen gestiftet wird, die man nicht vergessen hat. All unsere Handlungen, Gesten, Vorhaben, die alltäglichsten und die politischsten, tragen die Last dieses Erbes.

Ich war immer der Ansicht, dass das schwule Leben ein heimgesuchtes Leben ist. Heimgesucht von der ganzen Vergangenheit der Unterdrückung, von der homophoben Gewalt der fernen und der jüngeren Vergangenheit und der Gegenwart, von der immer und seit immer vernommenen (gegen einen selbst gerichteten, oder gegen die anderen, die die anderen von einem selbst sind) Beleidigung, von der Angst, die so viele junge Schwule und Lesben in den Suizid treibt, von der Scham, die man in unsere Gehirne und unsere Körper einschreiben wollte – und will. Selbst der freieste, »stolzeste« und militanteste Schwule kann nicht vollständig mit den Wirklichkeiten brechen, die ihn umgeben und die aus ihm das machen, was er geworden ist. In *Réflexions sur la question gay* habe ich die Idee einer homosexuellen »Melancholie«

(oder allgemeiner noch einer LGBT-Melancholie) entwickelt, die daher rührt, dass die individuelle und kollektive Geschichte der Schwulen (oder LGBT) durch die Verstoßung, die Beleidigung und die andauernde Bedrohung durch verbale und auch physische Aggression strukturiert ist, die den Horizont für ihren Weltbezug abgeben.[87]

Wenn ich hier die von Freud geprägten Begriffe der Trauer und der Melancholie verwende, so tue ich es in einem Sinn, der radikal von dem der Psychoanalyse unterschieden ist. Es geht meines Erachtens darum, die Formierung von Subjektivitäten und Subjekten im Sinne einer politischen Soziologie oder einer sozialen Anthropologie zu verstehen. Wir leben in einer »Welt der Beleidigungen«, die nicht nur den Weltbezug, sondern auch das Wesen all jener Individuen prägt, die dazu verurteilt sind, einen entwürdigten und stigmatisierten Platz einzunehmen, der ihnen von der gesellschaftlichen, in diesem Fall von der sexuellen, Ordnung zugeteilt wird. Wenn ich also von der Trauer und von der Melancholie und von der Gemeinschaft spreche, die sich um diese Prozesse und Affekte bildet, dann versuche ich offenbar der Vorstellung zu entgehen, dass das schwule Leben ein Leben-zum-Tode und das Schwule Subjekt ein Sein-zum-Tode sei, wie es heute so viele Texte zu denken vorschlagen. Der Begriff des »Todestriebs« gehört sicherlich zu den meistverwendeten Begriffen im psychoanalytischen – also in dem von Psychoanalytiker_innen oder Jünger_innen der Psychoanalyse geführten – Diskurs, gerade so als würden Schwule in der AIDS-Epidemie ihrem Schicksal

---

87 Didier Eribon: *Réflexions sur la question gay*. Paris 2012.

begegnen, das ihnen schon immer zugedacht war und nach dem sie sich unbewusst sehnen. AIDS wäre dann nur die Extremform dieses Verhängnisses. Und traurige Phänomene wie das *barebacking* oder das bewusst eingegangene Risiko brächten schließlich eine tiefe und wesentliche Wahrheit des homosexuellen Unbewussten zum Ausdruck.

Die Art, wie sich Psychoanalytiker_innen auf die AIDS-Epidemie gestürzt haben, um ihren Begriff des Todestriebs wieder mit Sinn zu füllen, hat mich immer angewidert. Und die plumpe ideologische Simplifizierung, mit der sie sich später auf das Phänomen des *barebacking* stürzten, um ihren Ansatz, den sie für seriös und rigoros hielten, zu stützen, hat mich immer empört. Ich habe diesen Ekel und diese Empörung bereits mehrfach zum Ausdruck gebracht.[88] Ich habe die Vorstellung von einem »Todestrieb« natürlich im selben Maß verabscheut, als meine schwulen Freunde sie übernahmen. Ich denke dabei zum Beispiel an Hervé Guibert, der zwar Anfang der 90er Jahre schöne Romane über die Krankheit, die ihn dahinraffen sollte,[89] geschrieben hat, zugleich aber in den Interviews, die im Zuge ihres Erscheinens geführt wurden, völlig distanzlos das homophobe Klischee von der wesenhaften Verbindung zwischen der schwulen Sexualität und dem Tod, also zwischen der Homosexualität und dem Tod übernahm.

---

88 Vgl.: Didier Eribon: »L'enfer du bareback.« In: *Contre l'égalité et autres chroniques*. Paris 2008. S. 129-132.

89 Insbesondere: Hervé Guibert: *À l'amie qui ne m'a pas sauvé la vie*. Paris 1990.

Die Vorstellungen, dass das schwule Leben der Selbstzerstörung geweiht ist, dass es für eine inhärente und unvermeidliche Selbstverneinung vorherbestimmt ist, dass es zum Leid und zur Verzweiflung verurteilt ist, bilden zweifellos seit Anbeginn der Zeit eines der bestimmenden Schemata des homophoben Denkens (in unserer Zeit findet es beispielsweise in *Die Krankheit Tod*, einem Buch von Marguerite Duras einen besonders deutlichen Ausdruck).[90] Es ist ein Schema, das systematisch mit der Vorstellung verbunden ist, dass Schwule eine Gefahr für die Gesellschaft darstellen, weil sie sich an ihren Rändern ansiedeln (weil sie nicht wie die anderen sind) und das normale Funktionieren der Institutionen verhindern. Ein solcher stigmatisierender Diskurs dient natürlich der Bestimmung und Stabilisierung der Institutionen, die ihn tragen. Gefährlich sind die Schwulen auch, weil sie sich keineswegs damit zufrieden geben, an den Rändern der Gesellschaft zu leben. Sie leben zugleich in ihrem Innern (sie mischen sich unter die anderen) und unterminieren so die Institutionen, denen sie angehören (das bekannte Bild vom »Wurm im Obst«, das schon im Prozess gegen Oscar Wilde aufgerufen wurde). Gefährlich sind sie auch, weil sie der Zukunft beraubt sind, weil sie von einer unhintergehbaren Endlichkeit gezeichnet sind: weil sie sich nicht fortpflanzen können. Und gefährlich sind sie nicht zuletzt dann, wenn sie Kinder hatten, haben oder in

---

90 Vgl.: Marguerite Duras: *Die Krankheit Tod*. Übers. v. Peter Handke. Frankfurt am Main 1985. Und: Didier Eribon: »Duras et la maladie de la mort.« In: *Papiers d'identité. Interventions sur la question gay*. Paris 2000. S. 124-138.

Zukunft haben wollen, wenn sie sich also »reproduzieren« wollen – etwas, das sie weder haben, noch wollen, noch haben können sollen...

Die gesamte Geschichte der gesellschaftlichen oder diskursiven Schwulenfeindlichkeit, wie man sie beispielsweise in den Karikaturen oder im medizinischen Diskurs nachvollziehen kann, wiederholt unablässig diese miteinander verbundenen Themen, die einzig durch die Vorstellung, dass diese zwielichtigen Wesen, egal was sie tun oder lassen, eine Gefahr, eine tödliche Gefahr darstellen, in ein kohärentes Bild gefügt werden können. Sie stehen auf der Seite des Todes: individuell, kollektiv und für die Gesellschaft, die sie bedrohen. »Eine Gesellschaft, die von der schwulen Kultur dominiert wäre, wäre dem Tode geweiht«, konnte man in Bezug auf die eingetragene Lebenspartnerschaft aus der Feder eines christlichen Redakteurs in einer Zeitschrift lesen, die sich als »links« präsentiert und die mit einer ebenso nachdrücklichen wie alarmistischen Vehemenz wiederholte, dass die »Zivilisationen sehr zerbrechlich sind« und dass sie nur intakt bleiben und überleben können, wenn die »großen symbolischen Fixpunkte« der Geschlechterdifferenz und der heterosexuellen Abstammung erhalten bleiben. Es ging also darum, den Gesetzgeber gegen jegliche Anwandlung, gleichgeschlechtliche Paare rechtlich anzuerkennen, in Stellung zu bringen. Und es ist nicht überraschend, dass sich diese Vorstellung heute im Herzen der psychoanalytischen Ideologie wiederfindet, die sich schon immer dem Projekt verschrieben hat, die sexuelle Differenz und Komplementarität als das Fundament des Gesellschaftslebens und des Seelenlebens und eine Normalität, von der aus alle Sexualitäten und alle Lebensweisen bewertet werden, zu konstruieren – und zu institutionalisieren. Die AIDS-Epidemie hat diesen Schemata des homophoben Denkens – die ihren Ursprung ebenso in der Theologie wie auch in der Psychiatrie und Psychoanalyse haben – wieder eine gewisse neue Kraft verliehen. Die Zitate, die das auf furchtbare und finstere Weise belegen, ließen sich beliebig vermehren.

Es ist also nicht allzu verwunderlich, dass der Begriff des »Todestriebs« wiedererstarkt, gemeinsam mit jenen anderen Begriffen, die ihn begleiten, die sich alle in einem tragischen, diskursiven Trauerzug für die »Homosexualität« und die schwule Sexualität auf den Weg machen.

III.

Doch die Epidemie hat, wie es in Situationen der entfesselten politischen Feindschaft gegen eine verschmähte politische Kategorie stets der Fall ist, auch Widerstand gegen die Gewalt produziert, die diese Schemata auf die Subjektivitäten jener Minderheiten ausübt, die mit dem Nichtsein oder dem Nichts gleichgesetzt werden, oder zumindest mit der Vernichtung, dem Verschwinden oder dem Vergehen. Dieser Widerstand hat sich im Kampf gegen AIDS manifestiert, in dem sich die Homosexuellen mit einer unglaublichen Energie mobilisiert und organisiert haben. Sie haben nicht nur für das Leben, für ihr Leben, sondern für das Leben von allen anderen gekämpft, insbesondere für Personen, denen es nicht möglich ist, in der Öffentlichkeit das Wort zu ergreifen: für Prostituierte, Prekäre, Immigrant_innen ohne Papiere und ohne Geld, die also Gefahr laufen, den Zugang zur Versorgung zu verlieren, und nicht zuletzt für die Menschen in Afrika und in anderen benachteiligten Regionen der Welt, die der Krankheit und der mörderischen Gier der internationalen Pharmaindustrie zum Opfer gefallen sind. Es war und ist noch immer ein Kampf um das Leben, ein Kampf um die Zukunft.

Aus der AIDS-Krise ist auch einer der erstaunlichsten Kämpfe hervorgegangen, der von den Dissidenten der sexuellen Ordnung geführt wird und in dem nichts weniger als das ganze Verständnis von Gesellschaft und Kultur auf dem Spiel steht, da in ihm die Fundamente der etablierten Ordnung, das Denken selbst und sein Ungedachtes, in Frage gestellt und destabilisiert werden. Ich spreche natürlich von der Forderung nach rechtlicher Anerkennung gleichgeschlechtlicher Partnerschaften, nach dem Recht auf Eheschließung, und nicht zuletzt auf Familie und Elternschaft... Ganz entgegen der homophoben Phantasmen vom Todestrieb, von der Negativität, der Endlichkeit und der Zukunftslosigkeit, haben Schwule und Lesben, aber auch Bisexuelle und Transgender (die ja offensichtlich im höchsten Maß von der Frage nach der Gleichberechtigung gleichgeschlechtlicher Paare betroffen sind, die sich nicht auf die Beziehung zwischen zwei »homosexuellen« Partner_innen beschränken lässt) in den 1990er und 2000er Jahren für ihre Rechte und, so wie alle *queeren* Kämpfe vor ihnen, für eine andere Vorstellung der Zukunft (und somit für eine andere Vorstellung von der Gegenwart) gekämpft. Indem sie gleiche Rechte für alle Paare und alle Familien einforderten, haben sie eine der unantastbaren Institutionen der heterosexuellen Struktur der sozialen Welt und der rechtlichen Normen, durch die die Ungleichheiten aufrecht erhalten werden, in Frage gestellt. Die subversive Kraft dieser Forderung hat bei den reaktionärsten Institutionen auf der ganzen Welt so hysterische und verbitterte Reaktionen hervorgerufen (etwa im Vatikan, bei der religiösen Rechten in Amerika, in der französischen und spanischen Kirche und bei so vielen kleineren Institutionen des homophoben Aktivismus), dass man unmöglich eine vollständige Liste erstellen könnte (für Frankreich seien nur die Zeitschriften *Esprit*, *Le Débat* und die Schar der mit ihnen verbundenen Ideolog_innen, die christlichen Aktivist_innen, die in *Le Monde* oder im *Nouvel Observateur* die Leitartikel verfassen, und die neo-konservativen Journalist_innen der *Libération* oder die ultra-reaktionäre Moderatoren eines öffentlichen Radiosenders wie *France Culture* erwähnt).

Mir fällt es also schwer zu verstehen, wie jener von der LGBT-Bewegung geführte Kampf von einer Reihe von schwulen, lesbischen oder *queeren* Theoretiker_innen als konformistisch und konservativ denunziert werden konnte. Dadurch, dass sie die eben erwähnte homophobe Rhetorik fast Wort für Wort, und bisweilen sogar bewusst und explizit übernommen haben, indem sie ihr einen transgressiven, radikalen Anstrich verpassten, haben diese Theoretiker_innen die Schwulen mit einer Zukunftslosigkeit, einer Lebensweise und einem Begehren identifiziert, dem sie genügen müssen, um auf authentische Weise das zu sein, was sie sind – oder sein sollen. Sie sollen die Kraft der »gesellschaftlichen Negativität« und das Ideal der »Nicht-Reproduktion« verkörpern.

Es ist daher wenig überraschend, dass die wichtigste Referenz des intellektuell schwachen und politisch verabscheuenswürdigen Buches von Lee Edelman, das ausgerechnet *No Future* heißt,[91] das Werk von Lacan ist, von dem er nicht bemerkt zu haben scheint – obwohl es auf jeder Seite in die Augen springt! –, dass es vollkommen von der Struktur der fundamental homophoben französischen Psychiatrie der 1920er und 30er Jahre getragen ist, wie ich ausführlich in *Une morale du minoritaire* nachgewiesen habe.[92] Es versetzt mich immer noch in Erstaunen, dass der zentrale Begriff, auf den sich Edelmans »Reflexion« (die in Wahrheit nur die einfache Wiederholung ziemlich alter, rückschrittlicher Diskurse darstellt, denen es nie gelingen wird – wie sehr sie auch versuchen, sich in einen karikaturhaften, pseudo-theoretischen Jargon zu überhöhen –, sich als kritisches oder radikales Denken zu verkleiden) im Kampf gegen die Forderung nach der homosexuellen Ehe und Elternschaft stützt, derjenige des »Todestriebs« ist. Auf diese narzisstische und morbide Schwärmerei für das *No Future* – ich denke, sein Buch ist nur ein Symptom dessen, was die unreflektierteste und konservativste Pseudo-Radikalität der akademischen Bourgeoisie, insbesondere in den Vereinigten Staaten hervorzubringen in der Lage ist – und auf all das, was mit einer solchen Aussage (»keine Zukunft!«) transportiert

---

91 Vgl.: Lee Edelman: *No Future. Queer Theory and the Death Drive*. Durham / London 2004.

92 Vgl.: Didier Eribon: *Une morale du minoritaire. Variations sur un thème de Jean Genet*. Paris 2015.

wird, gilt es unbedingt, geschlossen und entschlossen zu antworten: NEIN.

Wenn uns Michael Warner in einem leidenschaftlichen und bewegenden Buch von seinem »Unbehagen mit dem Normalen« erzählt und sich für den Sex in der Öffentlichkeit ausspricht, um sich der Forderung nach der Ehe und dem Rückzug ins Private entgegenzustellen, worin er eine Normalisierung des schwulen Lebens erkennt,[93] so bin ich offensichtlich geneigt, ihm zu folgen – wenn es darum geht, herabgewürdigte und entwertete Sexualitäten, Identitäten und Lebensweisen zu verteidigen, insbesondere wenn sie von einer bestimmten Repräsentation von Homosexualität herabgewürdigt und entwertet werden, von der ein Teil der LGBT-Bewegung behauptet, dass sie dem unerreichbaren Traum eines »richtigen Bilds« von Homosexualität entspricht. Ich würde sogar noch weiter gehen und hinzufügen, dass es eine wesentliche Aufgabe für die kritischen Intellektuellen darstellt, diese Forderungen auf all das hin zu untersuchen, was sie in ihrer monomanischen Beschäftigung mit dieser einen Frage außer Acht lassen – beispielsweise alle anderen Formen der (gesellschaftlichen, ethnischen, rassistischen usw.) Diskriminierung, gegen die eine schwule und lesbische Bewegung, die ihren Namen verdient, aufbegehren und kämpfen muss. Ich kann ihm aber an dem Punkt nicht mehr folgen, an dem seine Kritik zu einer Verurteilung der Forderung nach Gleichberechtigung und zu einer Anweisung wird, der gemäß alle so leben sollen,

---

93 Michael Warner: *The Trouble with Normal. Sex, Politics and the Ethics of Queer Life*. New York 1999.

wie er es sich vorstellt. Das, was er eine »*queere*« Ethik nennt, erinnert mich allzu sehr an einen moralischen Kodex, dessen Regeln letzten Endes fast genauso rigide sind, wie die Normalität, die er damit zu überwinden glaubt. Ich glaube, dass diese Anweisung, die sein ganzes Buch durchzieht, eben jene Norm und Normalität reproduziert, die durch die Forderung nach Gleichberechtigung in Frage gestellt und aufgelöst werden sollen.

Denn letzten Endes ist die Tatsache, dass auf der einen Seite die Rechte den heterosexuellen Paaren und Familien vorbehalten bleiben, auf der anderen Seite aber Sex in der Öffentlichkeit zwischen schwulen Männern oder Männern, die sexuelle Beziehungen mit anderen Männern unterhalten (denn Warner spricht, wie ich glaube, in seinem Buch in erster Linie von Männern) eine historische Realität darstellt, die so fest und seit so langer Zeit etabliert ist, dass ich nur schwer sehen kann, wie sie als Mittel der »Beunruhigung des Normalen« oder des Widerstands gegen die Normalisierung dienen kann. Mir scheint im Gegenteil gerade das für die meisten Leute seit mindestens zwei Jahrhunderten die Normalität darzustellen! Man könnte sogar sagen, dass diese Zuweisung unterschiedlicher Sphären, unterschiedlicher sozialer Räume einer der Mechanismen ist, mit dem sich die Normalisierung durchsetzt, denn die Norm bestimmt sich ebenso durch das, was sie ausschließt, wie durch das, was sie einschließt, und sie vollzieht und stabilisiert sich in dem ständig erneuerten Akt der Ausschließung. Ich bin darauf zuerst während der französischen Debatte um die anerkannte Lebensgemeinschaft, über die homosexuelle Ehe, über die Anerkennung von Familien mit homosexuellen Eltern usw. aufmerksam geworden. Auch wenn der homophobe Diskurs, wie gesagt, bis zu diesem Punkt zumeist darauf hinausläuft, die Gefahr zu denunzieren, die Schwule und Lesben für die Gesellschaft darstellen, weil sie sich am Rand, weil sie sich jenseits der Institutionen verorten und alternative Lebensformen entwickeln – man unterstellt ihnen, die Ordnung zu unterlaufen –, so schlägt dieser Diskurs in dem Moment um, in dem sie fordern, an diesen Institutionen teilzuhaben. Ihr Wille an der Allgemeinheit des Rechts teilzuhaben, erscheint jetzt als beunruhigend. Man erwidert also, dass man von ihnen erwarte, dass sie weiter subversiv seien, weil das ihr Platz, ihre Funktion und ihre Rolle sei...

Eines der am häufigsten im intellektuellen Umfeld der neo-konservativen Linken (Psychoanalytiker_innen, Anthropolog_innen, sogenannte Familiensoziolog_innen, Schundphilosoph_innen, die der *Parti socialiste* nahestehen, usw.) vorgebrachten Argumente war demnach Folgendes: Warum wollen die Homosexuellen lieber heiraten als anstößig zu bleiben? Wie oft musste ich schon den Satz lesen oder hören: »Ach, was hätte Jean Genet gelacht?« Auf diese Weise wurde allen Schwulen das Modell einer phantasmagorischen Identifikation mit der entstellten Figur eines schwulen Dichters – denn seine Texte sind von der Frage nach der Partnerschaft und der Ehe geradezu besessen – nahegelegt, und zwar von Menschen, die natürlich selbst keineswegs ein schwules Leben leben und noch weniger ein solches, auf das sie die anderen gerne beschränkt hätten. Denn es ging bei all diesen heuchlerischen Lobgesängen auf die schwule Subversion stets darum, die Forderungen zurückzuweisen, von denen man zugleich behauptete, dass sie das Recht und die Grundlagen der Gesellschaftsordnung umstürzen würden. Und so verlangten diese Leute von den Schwulen, Lesben, Transgender die Rolle des »Negativs« der Gesellschaft beizubehalten, so wie es geschrieben steht. Das will heißen: »Wir werden die Welt, wie sie ist, nicht verändern. Seid so, wie ihr sein sollt und wie wir euch – seit Kurzem – tolerieren, und verlangt nichts Anderes.«

Die Zuschreibung dieser transgressiven Rolle als gesellschaftliches »Negativ«, die von Leuten vorgenommen wurde, die sich selbst sehr gemütlich auf der Seite des »Positiven« eingerichtet haben und sich außerdem über die Destabilisierung der unvordenklichen Ordnung der sexuellen Differenz beunruhigen, die unweigerlich mit den Umwälzungen des Rechts einhergeht, die die gleichgeschlechtlichen Paare einfordern, schien mir immer dem Zweck zu dienen, eine Grenze zu ziehen und zu beschützen. Diejenigen, die also auf der einen Seite wollen, dass die Schwulen und Lesben »subversiv« bleiben, und auf der anderen Seite (angesichts der sich vollziehenden totalen Subversion dessen, was man niemals ändern könne oder solle, wie denselben Schwulen und Lesben immer wieder eingeredet wurde) ein ganz entsetztes Gesicht machen, sorgen sich um eine Grenze zwischen dem Feld der Heirats- und Verwandtschaftsregeln und all dem, was in das Jenseits dieses Felds verdrängt wurde. Sie sorgen sich um eine Grenze, die zumindest in Frankreich immer noch vom geltenden Recht definiert, garantiert und verteidigt wird. Das Normale zu beunruhigen bedeutet meiner Meinung nach, diese Norm zurückzuweisen und darauf hinzuarbeiten, diese Grenze aufzulösen. Sie anzuerkennen bedeutet, die Rolle anzunehmen, die einem von den Anhänger_innen dieser Ordnung auferlegt wird. Es bedeutet, die Ordnung, die Norm und das Normale anzuerkennen und an seinem Fortbestehen mitzuwirken.

IV.

Man täusche sich nicht über mein Vorhaben: Es geht mir keineswegs darum, eine eheliche oder familiale Version des homosexuellen Lebens zu fördern. Und genauso wenig geht es mir darum, irgendjemandem nahezulegen, Sex in der Öffentlichkeit der Familie und der Ehe vorzuziehen. Ich habe nichts gegen das Augenblickliche, gegen den Genuss des Augenblicks, gegen den Geschmack am Ephemeren, am Kurzlebigen, auch nicht gegen den Wunsch, sich nicht zu »reproduzieren«, welchen Sinn man mit diesem Wort auch verbinden mag. Mir ist bewusst, dass sich viele Schwule und Lesben ausgehend von diesem Willen zur Nicht-Reproduktion, zum Nicht-Fortbestehen denken und bestimmen (nebenbei gesagt ist das aber zum Beispiel bei Genet, der der rechtlichen Tradierung und den testamentarischen Vorschriften so große Bedeutung bemaß, nicht der Fall). Mir ist bewusst, dass es *queere* Räume und ausdrücklich *queere* Zeitlichkeiten gibt. Und ich habe diese Ausdifferenzierungen immer gegen die heftigen Angriffe verteidigt, die in regelmäßigen Abständen gegen sie gerichtet wurden (in Frankreich insbesondere in den 90er Jahren, als sie als »Kommunitaristen«, »Identitaristen«, »Separatisten« denunziert und mit weiteren »-ismen« beleidigt wurden). Es versteht sich jedoch ebenso von selbst, dass die Menschen, die in diesen Räumen und in diesen Zeitlichkeiten leben, zugleich auch andere Räume und Zeitlichkeiten bewohnen (an ihrem Arbeitsplatz, in ihrer Familie, im Raum der »allgemeinen« Öffentlichkeit usw.). Vielleicht zeichnen sich *queere* Leben gerade durch die Fähigkeit aus, von einem Raum in den anderen und von einer Zeitlichkeit in die andere überzugehen. So zu tun, als hieße *queer* sein nichts anderes als *queeren* Räumen und Zeitlichkeiten anzugehören, scheint mir genauso falsch, wie zu behaupten, dass Schwule und Lesben bis in die 80er und 90er Jahre die Ehe abgelehnt hätten oder zumindest für sich selbst albern gefunden hätten.

Was ich gewissen Theoretiker_innen oder Aktivist_innen vorwerfe, ist, dass sie eine bestimmtes Begehren, eine Art von Sexualität in ein politisches Programm und in ein theoretisches Dogma verwandeln und sich dabei paradoxerweise auf eine quasi essentialistische, jedenfalls aber vereinheitlichende Konzeption stützen (was die Schwulen oder *queeren* Personen sein müssen, damit sie eigentlich das sind, was sie sind). Diese Konzeption neigt dazu, diejenigen, die ein anderes Begehren haben oder andere Lebensformen ausprobieren wollen, von der Definition des »guten« Schwulen und der »guten« *queeren* Person auszuschließen. Es gibt also innerhalb der *queeren* Theorie eine Logik der ständigen Denunziation (gepaart mit einem pastoralen Tonfall), die mich schon immer zutiefst verstört hat und die letzten Endes nicht so weit von den wöchentlichen Predigten und Lehrreden entfernt ist, die der Vorsitzende einer so moralisierenden Organisation wie der Gruppe *Arcadie* in den 60er und 70er Jahren an sein »Volk« richtete – nur mit dem Unterschied, dass das, was er für die Normalität des »guten« Schwulen hielt, nicht mit der Erlösung identisch war, die er denen anbot, die vom Weg abgekommen sind.

Im Grunde werfe ich ihnen also vor, genau das zu tun, was sie den Anhänger_innen der ›Ehe für alle‹ vorwerfen: Menschen im Namen einer Norm auszuschließen. Denn vorzuschreiben, worin das schwule Leben bestehen soll (in der Transgression, in der Subversion usw.), bedeutet, einer normativen Vorstellung von Nicht-Normativität Vorschub zu leisten. Es bedeutet, das schwule Leben im Namen einer gewissen Zahl von Forderungen zu normieren, von denen nicht einmal besonders klar ist, worin ihr subversiver Charakter bestehen soll, denn eine Subversion muss ja etwas umstürzen und ein Umsturz, der nichts umstürzt, ist nichts anderes als ein Zaubertrick. Es bedeutet, sich auf billige Weise zu amüsieren, indem man sich Geschichten über sich selbst erzählt und sich in dem Distinktionsgefühl gefällt, nicht Teil der Masse zu sein. Es liegt eine gute Portion Elitismus in dieser Pseudo-Radikalität: Ich denke an all die *queeren* akademischen Veranstaltungen, auf denen sich gut etablierte oder aufstrebende Wissenschaftler_innen die Klinke in die Hand geben, um die Homonormativität und die Homonormalisierung anzuprangern, die mit der ach so lächerlichen Forderung nach der Ehe – das Publikum lacht – einhergehen soll. Dann kommen die nächsten, die, einen Augenblick später die Homonormativität anprangern werden – das Publikum lacht –, dann die nächsten, die einige Minuten später dasselbe anprangern werden usw. usf. Man fragt sich, was an solchen automatisierten und wiederholten Schlussfolgerungen, die das Denken ersetzen und jeden Versuch des Denkens verhindern, eigentlich subversiv sein soll. Und man fragt sich, wen diese abgedroschenen akademischen Selbstversicherungen eigentlich irritieren oder stören sollen. Schön, wenn diese Veranstaltungen einigen Individuen erlaubt, etwas in ihren Lebenslauf zu schreiben und so die akademische Karriereleiter zu erklimmen, man erzähle mir aber bitte nicht, dass sich hier die Zukunft – oder auch nur die Gegenwart – der sexuellen und gesellschaftlichen Revolution abspielt. Dieser akademische Radikalismus ist sicherlich eine bequeme Weise, sich im erregenden Gefühl des Bruchs und der Transgression zusammenzufinden. Es ist übrigens erstaunlich, wie gut die LGBT-Bewegung oder auch einfach nur die gewöhnlichen Existenzen der LGBT-Individuen diesen Erlassen der akademischen »Subversion« widerstehen konnten oder ihnen gegenüber sogar vollkommen unzugänglich blieben. Damit sei natürlich keinem Anti-Intellektualismus das Wort geredet, sondern einer Vorstellung von intellektueller Arbeit, die sich solche einfachen und wohlfeilen Konformismen verbietet. Ganz im Gegensatz zu dieser Kultur zeigt sich zunehmend, wie die Forderung nach Gleichberechtigung, und insbesondere nach der Ehe für alle, den Umsturz eines ganzen Gebäudes nach sich zieht – eines Gebäudes, das auf den Fundamenten der Herrschaft der heterosexuellen Norm über das Recht und dadurch über die Subjektivitäten ruht (denn vom Recht oder von bestimmten Rechten ausgeschlossen zu werden und sich dessen von früh auf bewusst zu sein, hat sicherlich Auswirkungen auf die Subjektivität der so herabgewürdigten Individuen).

Abgesehen davon, dass die Ehe während des 19. und 20. Jahrhunderts den Rahmen für die Lebensweise der allermeisten Schwulen und Lesben abgegeben hat, insbesondere derer, die zu irgendeinem Zeitpunkt irgendeine Form von Subversion hervorgebracht haben – Wilde war verheiratet mit Kindern, Gide war verheiratet und hat ein Kind anerkannt, um nur einige berühmte Beispiele zu nennen, denn dasselbe ist offensichtlich millionenfach der Fall, durch alle gesellschaftlichen Milieus hindurch. Es macht nicht viel Sinn, den Sex in der Öffentlichkeit gegen die Ehe auszuspielen, oder, wie Leo Bersani in einer Reihe von Essays, die zumindest das Verdienst haben, brillant geschrieben zu sein,[94] das Cruising und die unpersönliche Intimität gegen die dauerhafte Affektion, die Sentimentalität, die romantische Beziehung usw. Wie etwa Laud Humphreys' soziologische Studie *Tearoom Trade. Impersonal Sex in Public Places* über Männer, die in den 60er Jahren öffentliche Toiletten besuchten oder George Chaunceys *Gay New York*, das sich mit demselben Phänomen in den 1920er und 30er Jahren beschäftigt,[95] gezeigt haben, waren viele der Männer, die diese anonyme Sexualität an öffentlichen Plätzen lebten, (mit Frauen) verheiratet und führten ein Familienleben...

---

94 Vgl. beispielsweise: Leo Bersani: »Sociability and Cruising.« In: *Is the Rectum a Grave? and Other Essays*. Chicago 2010.S. 45-62.

95 Laud Humphreys: *Tearoom Trade. Impersonal Sey in Public Places*. London 1970. George Chauncey: *Gay New York. Gender, Urban Culture, and the Making of the Gay Male World, 1890–1940*. New York 1995.

Man verzeihe mir die Bemerkung, aber es fällt mir tatsächlich schwer zu sehen, was genau an Sex in der Öffentlichkeit subversiv sein soll, worin seine »antisoziale« Kraft bestehen soll (im Sinne einer Infragestellung des »normalen« Funktionierens der Gesellschaft und ihrer Institutionen...), die Leo Bersani unterstellte.[96] Darüber hinaus entstammt das »asoziale« Bild von dieser Sexualität der Psychoanalyse. Und wie jede_r weiß, sollte man auf diesem Feld, so wie auf fast allen anderen Feldern, allem, was der Psychoanalyse entstammt, auf systematische Weise misstrauen. Diese Vorstellung scheint mir einen merkwürdigen Gegensatz zwischen zwei Dimensionen zu konstruieren, die in der Wirklichkeit immer nebeneinander existieren, immer miteinander verbunden sind, so wie die Übertretung bei Bataille immer mit der Ordnung verbunden ist, die sie übertritt und zugleich aufrecht erhält. Das *Cruising* in den Parks oder in den öffentlichen Toiletten, das Besuchen der Saunas usw., spielt sich letzten Endes in Formen und an Orten ab, die sehr institutionalisiert sind und ihre eigene Geographie, Geschichte, ihr eigenes Gedächtnis, ihre eigenen Codes und Konventionen haben. Man sollte hinzufügen, dass natürlich keinerlei Verbindung zwischen der Tatsache, Sex in der Öffentlichkeit zu praktizieren, und der Herausbildung subversiver oder einfach nur progressiver politischer Ansichten besteht. Hat nicht Leo Bersani in seinem bahnbrechenden Essay »Is the Rectum a Grave?« selbst darauf hingewiesen, dass diejenigen, die in San

---

96 Vgl.: Leo Bersani: »Sociability and Sexuality.« In: *Is the Rectum a Grave? and Other Essays*. Chicago 2010. S. 102-118.

Francisco in den schwulen Saunas verkehren, dieselben sein können, die die Armen aus den Wohnungen werfen, die ihnen gehören, dass sie reiche Rassisten und Reaktionäre sein können und vieles mehr?[97]

Die Frage, die ich stellen möchte, lautet deshalb ganz einfach: Und was ist, wenn ich nicht wählen möchte? Wenn ich mich ganz im Gegenteil dafür einsetzen möchte, die Lebensmöglichkeiten zu vermehren, für diejenigen, die die eine oder die andere Lebensweise preisen oder beide nacheinander haben wollen (man kann mit 20 Jahren das Bedürfnis nach unverbindlichem Sex haben und mit 50, 60 oder 70 heiraten, oder auch umgekehrt) oder für diejenigen, die vielleicht beides gleichzeitig haben wollen?

V.

So verführerisch und überzeugend manche der Argumente von Warner, Bersani und einigen anderen Autor_innen manchmal wirken (auch ich neige spontan dazu, sie anzunehmen), so sehr misstraue ich gerade dieser allzu leichten und evidenten Verführungskraft. Wenn ich diese Texte lese, habe ich immer das Gefühl, in ihren Argumenten eine Reihe von Vorstellungen wiederzuerkennen, auf die Foucault in *Der Wille zum Wissen* abzielte, als er sich über die Leute lustig machte, die sich das »Privileg des Sprechers« verleihen, das Privileg derer, die »ein bisschen so tun« und ganz stolz darauf sind, die Subversion zu verkörpern, die denken, dass über Sex zu

---

97 Vgl.: Leo Bersani: »Is the Rectum a Grave?.« In: *Is the Rectum a Grave? and Other Essays*. Chicago 2010. S. 3-30.

reden schon bedeutet, sich den herrschenden Mächten entgegenzustellen. Foucault hat uns deshalb dazu ermahnt, uns von dieser Illusion freizumachen und uns vor dieser strengen sexuellen Monarchie in Acht zu nehmen, und insbesondere vor der Vorstellung, dass die bürgerliche Gesellschaft auf einer Unterdrückung des sexuellen Begehrens beruhe und dass man daher schon durch das Predigen einer »sexuellen Befreiung« eine transgressive und somit revolutionäre Position vertrete. Diese Ansicht beruht nach Foucault auf einer ausgesprochen naiven Theorie der gesellschaftlichen Macht und Normativität. Sie beruht genauer gesagt auf einer Theorie, die selbst an dem System der Macht und Normativität teilhat: Die ganze Rede von der Transgression ist vielleicht nichts anderes als ein Element des Machtgefüges, ein Rädchen in seinem Getriebe. Sie ist sogar eine der mächtigsten Listen dieses Gefüges, durch die es gelingt, diejenigen, die zu seinem Fortbestehen beitragen, glauben zu machen, dass sie sich auf heroische Weise gegen es auflehnen.[98]

Aus diesem Grund beharrte Foucault auch auf der Tatsache, dass sich der Widerstand gegen die normativierende und normalisierende Macht, gegen die Kontrolle und die Regulation, gegen die Prozesse, die sich des Lebens und der Körper bemächtigen und ihre Möglichkeiten beschränken, dass sich der Widerstand gegen die ganze Biopolitik, die im 19. Jahrhundert installiert

---

98 Vgl. dazu: Michel Foucault: *Der Wille zum Wissen. Sexualität und Wahrheit I*. Übers. v. Ulrich Raulff u. Walter Seitter. Frankfurt am Main 1983.

wurde, seither und während des gesamten 20. Jahrhunderts in Kämpfen realisiert hat, die Rechte eingefordert haben: Die Entgegnung der Macht verläuft häufig über die Forderung nach Rechten, nach einer Reihe von »Rechten zu«.

Es ist daher reichlich naiv zu denken, dass es auf der einen Seite so etwas wie die Norm und das Recht und auf der anderen Seite so etwas wie eine sexuelle Freiheit gebe. Oder dass man sich bereits dadurch, dass man sich jenseits des Rechts verortet oder jede Form von Forderung ablehnt, die sich auf das Recht beruft, auch schon jenseits von oder im Gegensatz zur Norm stehen würde und somit wahrhaft subversiv wäre. Es ist naiv, weil man sich niemals vollkommen außerhalb der Norm und des Rechts befinden kann. Und es ist naiv, weil eine Arbeit am Recht auch dazu beitragen kann, den Würgegriff der Norm zu lockern, die durch das Recht kodifiziert und stabilisiert wird. Wie viele Kämpfe wurden nicht unter der Schirmherrschaft einer Forderung nach Rechten geführt: zum Beispiel der Kampf um das Recht auf Abtreibung oder auf Verhütung, der auch ein Kampf gegen die sexuellen Normen war? Und das scheint mir im Fall der Forderung nach gleichgeschlechtlicher Ehe und Elternschaft besonders offensichtlich.

Als Foucault Ende der 70er und Anfang der 80er Jahre die Politik der Sexualität neu durchdenkt und den in *Der Wille zum Wissen* entwickelten Ansatz neu ausarbeitet, denkt er zunehmend über Alternativen zum Diskurs der Transgression und Subversion nach. Sie zielen darauf ab, neue Formen von Beziehungen zwischen Individuen zu schaffen (auch wenn alle Beispiele, die er uns gibt, auf den klassischsten Formen der schwulen Soziabilität beruhen), und verweisen auf die Kämpfe um die rechtliche Anerkennung dieser neuen Beziehungsformen. Er spricht von einem »neuen Beziehungsrecht«. Und als er in einem Interview gefragt wird, ob er sich damit auf die Ehe beziehe, antwortet er: »nicht nur«, denn es geht auch um Freundschaften, um die Adoption einer jüngeren Person durch eine ältere usw. Im Vorbeigehen sei erwähnt, dass die Frage nach der »Reproduktion« und nach der Weitergabe und somit nach der Zukunft durch die Frage nach der Adoption zwischen Erwachsenen unterschiedlichen Alters und die Frage nach der Freundschaft als Lebensweise, die eingetragen und rechtlich geschützt werden könnte usw., wesentlich komplexer ist, als die Vertreter_innen des »no future«-Gedankens es wahrhaben wollen: Die Beziehungen, die dann anerkannt wären, haben nichts mit der Paarbeziehung oder der Abstammung zu tun.

Anstatt also die Sexualität dem Recht gegenüberzustellen und die Sexualität gegenüber dem Recht aufzuwerten, betont Foucault, dass die Gesellschaft weniger ein Problem mit der Sexualität zwischen Männern (er sagt zwar nur zwischen Männern, doch seine These lässt sich ausweiten) hat, als vielmehr mit dem »glücklichen Aufwachen«, damit, dass sich zwei Männer »die Hand geben«. Sicher, das »glückliche Aufwachen« ist nicht gleichbedeutend mit einer dauerhaften Beziehung. Es ist eine Metapher, die Foucault benutzt, um von all dem zu sprechen, was nicht dem sexuellen Akt im strengen Sinn des Wortes entspringt: Zärtlichkeit, Blicke, Gespräche, gemeinsame Zeit usw. In dem Beispiel, das er gibt, in dem zwei Männer während eines Campingurlaubs miteinander geschlafen haben, führt nicht das, was im Zelt geschehen ist, sondern vielmehr die offen gezeigte Zuneigung, die Zärtlichkeit am nächsten Tag dazu, dass sich ihre Freunde empören und sie davonjagen. Die Beziehung stört also die Ordnung gerade insofern sie nicht oder zumindest nicht nur »sexuell« ist. Es geht um die Beziehung, die sich entwickelt, es geht um das Band, das sich festigt und sich am helllichten Tag zeigt. Der nächtliche Sex bringt niemanden durcheinander! Erst wenn man der Beziehung am Tag zur Anerkennung verhelfen will, provoziert man eine wütende und feindliche Reaktion, eine Reaktion der Zurückweisung und der Ablehnung.[99]

Im Grunde ist es, wie Foucault in einem anderen Text behauptet, sehr viel schwieriger und viel verrückter, sich eine Integration der Homosexualität in die bestehenden Institutionen vorzustellen, als einfach nur Freiräume zu schaffen, die immer schon existiert haben und auch weiterhin niemanden stören werden. Viel verrückter, das heißt, viel destabilisierender und sehr viel kreativer. Und deswegen auch näher an dem, was man von einer praktischen Politik erwarten kann, die sich als *queer* begreift, die sich nicht damit zufrieden gibt, bis in alle Ewigkeit denselben Diskurs und dieselbe Haltung zu wiederholen, die sich als besonders »transgressiv« präsentieren, son-

---

[99] Vgl. dazu insbesondere das 1978 erschienene Buch, in dem Michel Foucault anonym Thierry Voeltzel, einen 20 Jahre alten Mann interviewt: Thierry Voeltzel: *Vingt ans et après*. Paris 1978. Zu diesem Text und allgemeiner noch zu Foucaults Thematisierung der Politik der Sexualität nach *Der Wille zum Wissen,* verweise ich auf den dritten Teil meines Buches *Réflexions sur la question gay.*

dern sich vielmehr daranmacht, oder, wie Foucault sagt, sich darauf »versteift«, etwas gesellschaftlich, politisch, kulturell, zwischenmenschlich und rechtlich Neues hervorzubringen.

Und genau aus diesem Grund möchte ich der wenig einfallsreichen Vorstellung der Negativität, der auf den gegenwärtigen Augenblick eingeschränkten Zeitlichkeit und der Nicht-Reproduktion, die allzu leicht zur Vorschrift und zum Zwang wird, eine Vorstellung von Kreativität, von – individueller und kollektiver – Selbsterfindung entgegenstellen, die auf einer Vorstellung von Zukunft und von einer Vermittlung des Erbes beruht (es müsste heißen: von vielen Erben, denn sie lassen sich nicht unter einem Begriff zusammenfassen). Und es lässt sich eine ganze Tradition nachzeichnen, die in diesem zukünftigen Sinne gedacht hat und die gegen die gesellschaftlichen, moralischen und rechtlichen Normen angeschrieben und angekämpft hat, indem sie das gedacht hat, was kommen, was an-kommen kann.

Denken wir beispielsweise – und ich weiß, dass das kein sehr angenehmer Bezugspunkt ist, aber die schwule und *queere* Geschichte enthält nun mal unangenehme Dinge – an das Bild, das Saul Bellow in seinem Roman *Ravelstein* von Allan Bloom zeichnet.[100] Es entspricht dem, was Eve Kosofsky Sedgwick in *Epistemology of the Closet* über diesen großen Professor schreibt, von dem sie, als sie seine Studentin war, lernte, in den Texten der Vergangenheit die tiefsten Leidenschaften und Spannungen wiederzuentdecken, die sie im Geheimen antrieben.

---

100 Saul Bellow: *Ravelstein*. Übers. v. Willi Winkler. Köln 2000.

Wenn ich von Allan Bloom spreche, so ist mir bewusst, dass das Beispiel für all diejenigen, die der Subversion huldigen, recht abwegig scheinen wird. Ich habe es gewählt, weil mich Bloom, als ich den Roman von Saul Bellow las und im Anschluss daran erneut die entsprechenden Seiten von Eve Kosofsky Sedgwick, an... ja, an Michel Foucault erinnerte.[101]

Zunächst einmal natürlich, weil sie beide schwule Männer waren und beide an AIDS gestorben sind. Dann aber auch, weil beide die Epoche der »schwulen Befreiung« in den 70er Jahren und die normativen Zwänge, die sie auf alle schwulen Männer ausübte, die sich nicht verbiegen wollten, nur mit großen Schwierigkeiten und viel Leid durchstanden haben. Und man kann auch ein gewisse Nähe in ihren jeweiligen Ansätzen sehen, natürlich nicht inhaltlich, aber in ihren Gesten oder Antrieben: Es lässt sich in beiden Fällen ein gewisser Widerstand seitens der in den 60er Jahren geformten Identitäten gegen all das erkennen, was in den 70er Jahren vor sich ging. Ein konservativer Widerstand im Fall von Bloom, für den, wenn man so will, der »Schrank« aufs Engste mit der Hochkultur verbunden und verwoben ist (aus diesem Standpunkt ergibt sich eine Pflicht zur Stille, die es den Autor_innen ermöglicht, sich literarisch zu überbieten und Weisen zu finden, die unaussprechbare Sünde sagbar zu machen) und für den die Verteidigung des Schrankes dasselbe ist wie die Verteidigung der Hochkultur, derjenigen Hochkultur zumindest, die er verehrt. Die bejahte, in

---

101 Vgl. Eve Kosofsky Sedgwick: *Epistemology of the Closet.* Berkeley / Los Angeles 1990.

der Öffentlichkeit zur Schau gestellte Homosexualität musste in seinen Augen zu einer Verkümmerung, zu einem Absterben der Literatur und des Denkens führen. Eine ganz andere Form des Widerstands findet sich bei Foucault, der denjenigen, die sich für radikal hielten, mit einer viel größeren und kraftvolleren Radikalität antworten wollte und sich fragte, ob die allgemeine Forderung, über Sex und Sexualität zu sprechen – eine Forderung, die zu Beginn der 70er Jahre in Frankreich, wo das Werk von Reich und von Marcuse so einflussreich waren, sehr laut war – anstatt die Tabus der bürgerlichen Gesellschaft zu brechen, nicht vielmehr eine List der Herrschaftstechniken war, die all diejenigen, die sich für subversiv hielten, dazu brachte, die Fundamente des Funktionierens der Gesellschaftsordnung zu stützen, also die psychiatrische und psychoanalytische Ideologie, die ein direktes Erbe der christlichen Tradition und ihrer Techniken der Individuierung durch den Prozess des »Geständnisses« ist.

Doch in Bezug auf mein Thema möchte ich heute vor allem betonen, wie Bloom und Foucault an einem bestimmten Punkt ein Ideal intellektueller Vermittlung als Effekt einer persönlichen Beziehung zwischen einem Meister und einem Schüler teilten – ein Ideal, das für beide den Ausgangspunkt für eine Reflexion über die Freundschaft darstellt, insbesondere über die Freundschaft, insofern sie als pädagogische Praxis dient, insofern sie der Vermittlung eines Wissens, und vor allem eines Strebens nach Wissen dient. In seinen Vorlesungen am *Collège de France* über die *Hermeneutik des Subjekts* betonte Foucault darüber hinaus, dass die Freundschafts-

oder Liebesbeziehung lange Zeit, in den antiken Philosophenschulen, ein elementarer Bestandteil der Meister-Schüler-Beziehung war. In der Entwicklung des Schülers stellte die Selbstschaffung oder das *self-fashioning* (das hier im Gegensatz zu der analytischen Kur steht), dieses Lehrverhältnis und dieser Kontakt zu einem Seelsorger [*directeur de conscience*], zu einem spirituellen Meister, den Ausgangspunkt dar.[102] Ich bin überzeugt, dass diese Beziehung für Foucault ein Modell war, dass er, wenn schon nicht auf sein eigenes Leben anwenden, so zumindest für sein Leben neu erfinden wollte, insbesondere am Ende seines Lebens, als er bereits um seine AIDS-Erkrankung wusste und wie ein Weiser oder ein Meister, von einem Kreis junger Freunde umgeben war, die er bei ihren professionellen Problemen ebenso beriet wie bei ihren emotionalen Leiden.[103]

Foucault erinnert in dieser Hinsicht an Walter Pater, an André Gide und an viele andere: Wie viele Autoren waren nicht gezwungen, einen Diskurs zu konstruieren, der an die Jugend gerichtet ist, an eine Öffentlichkeit, die heute noch nicht zur Stelle ist, es aber vielleicht in der Zukunft sein wird? Ihre Bücher sind an eine Öffentlichkeit gerichtet, die vielleicht noch nicht existiert, die sich aber, dank ihnen, womöglich irgendwann als Öffentlichkeit konstituieren könnte, oder, um den Titel eines schönen Buches von Michael Warner wieder aufzunehmen,

---

102 Michel Foucault: *Hermeneutik des Subjekts. Vorlesungen am Collège de France 1981/82*. Übers. v. Ulrike Bokelmann. Frankfurt am Main 2009.

103 Vgl. diesbezüglich die berührende Erinnerung von Matieu Lindon in: *Ce qu'aimer veut dire*. Paris 2011.

als »Gegen-Öffentlichkeit«.[104] Es scheint mir evident zu sein, dass die Idee einer »Gegen-Öffentlichkeit«, einer Öffentlichkeit, die entsteht, wenn bis dahin zerstreute und getrennte Individuen sich vereinen, um das Wort zu ergreifen, um sich zu erfinden, oder einfach nur, um zu überleben, der Vorstellung einer gesellschaftlichen Negativität, einer Negation des Sozialen, einer Selbstaufhebung und einer Abwesenheit der Zukunft widerspricht. Man denke nur an Gide, der sich in *Die Früchte der Erde* an einen jungen Mann in der Zukunft wendet. Oder erinnern wir uns an Monique Wittig und ihren Aufruf zur Schaffung einer lesbischen Kultur in *Le Corps lesbien.*[105] Und diejenigen, die sich in diesen und ausgehend von diesen an sie gerichteten Zeichen wiedererkennen, sich um sie versammeln und sich neu erfinden, verstehen und konstruieren diese vergangenen Texte, die eine Zukunft beschworen und geschaffen haben, die zu ihrer Gegenwart geworden ist, oder genauer gesagt zu dem, was sie als ihre Gegenwart konstruieren, als ihre eigene Geschichte (die zugleich singulär und kollektiv, partikular und geteilt ist). Um sich eine Vergangenheit und einen Bezugspunkt zu schaffen, bewegt sich das Gedächtnis der Gruppe auf das zu, was früher einmal eine Antizipation war.[106]

---

104 Vgl.: Michael Warner: *Publics and Counterpublics.* New York 2005.

105 [Deutsch: *Aus deinen zehntausend Augen. Sappho.* Berlin 1984. Anm. d. Übers.]

106 Vgl.: Heather Love: *Feeling Backward. Loss and the Politics of Queer History.* Cambridge / London 2007.

In meinem Buch *Une morale du minoritaire* habe ich untersucht, wie französische Schriftsteller_innen (insbesondere Jouhandeau und Genet) der »Scham« und der »Schmach« eine entscheidende gesellschaftliche und politische Rolle bei der Unterwerfung all jener Individuen zugeschrieben haben, die von der sexuellen Ordnung herabgewürdigt werden. Ausgehend von ihren Analysen wollte ich eine Alternative zu der psychoanalytischen Theorie der Subjektivität und der Subjektivierung entwerfen. Doch wenn sie die »Scham« und die »Schmach«, der sie ausgesetzt waren, aneignen wollten, so wollten sie dabei aus diesen Affekten und aus den Praktiken, die sie hervorbrachten, keineswegs einen Selbstzweck machen. Die Scham und die Schmach waren lediglich die Stütze und der Ausgangspunkt für eine Neubestimmung des Selbst, für eine Ästhetik des Selbst. Sie sind keine Denker_innen der Negativität (außer vielleicht in dem Sinn, in dem sie eine kritische Beziehung zur Gegenwart unterhalten: Sie sagen nein zu der Gegenwart, so wie sie ist), sondern Denker_innen der Zukunft, einer Zukunft, die durch eine Arbeit an der Negativität entsteht, die den Minderheiten von der Gesellschaftsordnung zugeschrieben wird. Schreibt Genet nicht in seinem *Tagebuch des Diebes*: »Ich versammle diese Notizen für einige junge Leute. Ich hoffe, sie erkennen darin das Protokoll einer Askese«? Eine Askese: eine Arbeit des Selbst an sich selbst. Die Scham und die Schmach werden also zu Werkzeugen für die transformativen Praktiken. Es sind Wege, die irgendwohin führen, auch wenn man nicht genau weiß, wohin: Sicherlich, sie führen zu anderen Möglichkeiten, aber sie tun es, indem sie versuchen, die immer schon bestehenden und immer schon aktiven Möglichkeiten in der Welt, die uns umgibt, in der Gesellschaft, in der wir leben, sichtbar zu machen. Es handelt sich, nach einem Wort von Genet, um eine Politik des »Stolzes«. Oder, wie man heute vielleicht eher sagen würde, um eine Politik des »Selbstbewusstseins« – jedenfalls um eine Politik der Zukunft.

Die AIDS-Epidemie grassiert weiterhin vor unseren Augen. Und wir wissen, dass sich jeden Tag weitere schwule Männer infizieren. Insbesondere junge Männer. Dieses Wissen lastet als große Verantwortung auf unseren Schultern und bürdet uns eine Ethik der Verantwortlichkeit auf. Eine Pflicht zur Weitergabe des Erbes. Es gibt eine ganze schwule Traditionslinie, die, wie ich weiter oben betonte, auf der formellen und informellen Weitergabe von theoretischem und praktischem Wissen beruht. Besteht die Herausforderung, mit der wir konfrontiert sind, nicht letztlich darin, Mittel und Wege zu finden, diese vielgestaltige Lehre der Freiheit und insbesondere der sexuellen Freiheit fortzuführen und zugleich auf die Gefahren, die mit ihr einhergehen, hinzuweisen? Begreiflich zu machen, dass man zugleich den »Gebrauch der Lüste« und die »Selbstsorge«, um zwei Begriffe von Foucault zu benutzen, erhalten kann? Das hieße, das Leben zu lehren und die verschiedenen Lebensformen, zwischen denen man wählen kann. Und die vielfältigen und unvorhersehbaren Möglichkeiten der Zukunft offenzuhalten.

»Analyse«

Didier Eribon, *Grundlagen eines kritischen Denkens*

Anmerkung der Herausgeber_innen der *Neuen Subjektile*

Wie kleinherzig müsste man sein, wollte man sich der Großzügigkeit verschließen, sie gar zurückweisen, oder – noch weitergehend – ihre Beschränkung fordern, bis zur Forderung, auch andere mögen auf sie verzichten, darauf verzichten, sie zu fordern: jene Großzügigkeit von der Didier Eribon, in einer spielerischen, freien, »großzügigen« Umgangsweise mit Jacques Derridas These, »die Dekonstruktion ist die Gerechtigkeit«, die er als Muster heranzieht, sagt, sie sei die Demokratie: »die Großzügigkeit ist die Ethik der Demokratie«. Wie kleinherzig und engstirnig müsste man sein, wollte man nicht dieser »Ethik der Großzügigkeit« folgen und unterschreiben, dass es darum gehe, »die Grenzen auszulöschen, die den Individuen den Zugang zu dem, was sie sein wollen, verwehren und sie weiterhin nicht nur von dem ausschließen, was bereits existiert [...], sondern auch von all dem, was noch nicht existiert und was von nun an möglich scheint oder eines Tages möglich scheinen wird, ohne dass wir es vorhersehen hätten können.« Wie kleinherzig, engstirnig und angstvoll müsste man sein, wollte man diese Unbestimmtheit und Offenheit eines Kommenden nicht nur zur Forderung des Politischen und zum Prinzip des Denkens, sondern auch zur Ausrichtung einer Kultur der Rede und des Erotischen machen, die gerade nicht

»das Unbewusste und das Begehren zu disziplinieren, die Zukunft zu verschließen und die Gegenwart zu verneinen« sich anstrengt. Wie kleinherzig, engstirnig, angstvoll und im Witzlosen eingezwängt müsste man sein, um in der Polemik des vorliegenden Buches gegen »die Psychoanalyse als solche«, gegen »ihre ganze Konzeption des Unbewussten und der Subjektformierung«, die sein Autor »ausschließen« möchte, nicht ein leidenschaftliches und geistreiches Ringen um eine ganz bestimmte Form der Distanz zu erspüren. Denn auch das hier vorgeschlagene »kritische Denken« zielt auf eine Distanznahme, die sich zwischen Sprechen, Lachen, Handeln auf der einen, und der »ordinären Gewalt« der »sozialen Welt« mit »ihren Hierarchien und Grenzen, die sich in unseren Körper und in unser Gehirn eingeschrieben haben« auf der anderen Seite auftun kann, sowohl momentan als auch dauerhaft, wenn dieser Auftrennung Gehör verschafft, Raum, Zeit und Sorge eingeräumt wird. Diese Auftrennung ist Psychoanalyse als Zersetzung einer witzlosen Psychologie kleinherzig engstirnig angstvoller Synthesen.

Die *Neuen Subjektile* empfangen, weil sie auch an diese Großzügigkeit glauben, ihre Ethik zu praktizieren suchen, neben den klaren Forderungen und brillanten Interventionen zur sozialen Welt, die diese Buch bietet, neben den Ansätzen zu den Grundlagen eines kritischen Denkens, das diese zu zersetzen sucht, jene Sorge um die Psychoanalyse, die sich, teils mit diesem, teils in anderen Namen, in Gegensinn und Polemik, in Distanz zur ordinären Gewalt zu lesen gibt.

NEUE SUBJEKTILE

Herausgegeben von Marcus Coelen, Felix Ensslin, Johannes Kleinbeck, Claire Nioche und Oliver Precht

Didier Eribon

Grundlagen eines kritischen Denkens

Aus dem Französischen von Oliver Precht

ISBN 978-3-85132-896-7, 240 S., € 26,–

Michael G. Levine

Atomzertrümmerung

Zu einem Gedicht von Paul Celan

ISBN 978-3-85132-895-0, 93 S., € 14,–

Jean-Luc Nancy

Von einer Gemeinschaft, die sich nicht verwirklicht

Aus dem Französischen von Esther von der Osten

ISBN 978-3-85132-878-3, 191 S., € 24,–

Oswald de Andrade

Die Krise der messianischen Philosophie

Aus dem brasilianischen Portugiesisch von Oliver Precht und Marcus Coelen

ISBN 978-3-85132-835-6, 159 S., € 20,–

Geneviève Morel

Das Gesetz der Mutter

Versuch über das sexuelle Sinthom

Aus dem Französischen von Anna-Lisa Dieter

ISBN 978-3-85132-820-2, 428 S., € 39,–

Eduardo Viveiros de Castro

Die Unbeständigkeit der wilden Seele

Aus dem brasilianischen Portugiesisch von Oliver Precht

ISBN 978-3-85132-836-3, 459 S., € 42,–

Jamieson Webster

Leben und Tod der Psychoanalyse

Vom unbewussten Wunsch und seiner Sublimierung

Aus dem Amerikanischen von Ulrike Bondzio-Müller

ISBN 978-3-85132-848-6, 208 S., € 26,–

Michèle Cohen-Halimi und Francis Cohen

Der Fall Trawny

Zu Heideggers Schwarzen Heften

Aus dem Französischen übersetzt und mit einem Nachwort versehen von Oliver Precht

ISBN 978-3-85132-850-9, 90 S., € 14,–

Jean-Luc Nancy

Trunkenheit

Aus dem Französischen von Esther von der Osten

ISBN 978-3-85132-847-9, 69 S., € 10,–

Christopher Fynsk

Der Anspruch der Sprache

Ein Plädoyer für die Humanities

Aus dem Amerikanischen von Katharina Martl und Johannes Kleinbeck

ISBN 978-3-85132-845-5,183 S., € 22,–

Oswald de Andrade

Manifeste

»Anthropophages Manifest« »Manifest der Pau-Brasil-Dichtung«

Portugiesisch–Deutsch

Aus dem brasilianischen Portugiesisch von Oliver Precht
Texte von Haroldo de Campos, Benedito Nunes und Oliver Precht

ISBN 978-3-85132-819-6, 185 S., € 22,–

Fernando Pessoa

Der Seemann

Ein statisches Drama

Portugiesisch–Deutsch

Aus dem Portugiesischen von Oliver Precht und Nora Zapf,
mit einem Nachwort von Marcus Coelen

ISBN 978-3-85132-816-5, 112 S., € 16,–

Philippe Lacoue-Labarthe / Jean-Luc Nancy

Das Literarisch-Absolute

Texte und Theorie der Jenaer Frühromantik

Aus dem Französischen von Johannes Kleinbeck

ISBN 978-3-85132-810-3, 525 S., € 43,–

François Regnault

Lacan'sche Ästhetik

Vier Vorlesungen

Aus dem Französischen von Christoph Sökler

ISBN 978-3-85132-772-4, 155 S., € 20,–

Paul Virilio

Die Küste, letzte Grenze

Ein Gespräch mit Jean-Louis Violeau

Aus dem Französischen von Marcus Coelen

ISBN 978-3-85132-771-7, 51 S., € 8,–

Eric L. Santner

Was vom König übrigblieb

Die zwei Körper des Volkes und die Endspiele der Souveränität

Aus dem Amerikanischen von Luisa Banki

ISBN 978-3-85132-761-8, 349 S., € 38,–

Philippe Lacoue-Labarthe

Der wahre Schein

Aus dem Französischen von Marcus Coelen

ISBN 978-3-85132-757-1, 105 S., € 14,–

Hermann Cohen

Das Prinzip der Infinitesimal-Methode und seine Geschichte

Ein Kapitel zur Grundlegung der Erkenntniskritik

Mit einer Einleitung von Astrid Deuber-Mankowsky
Editorische Bearbeitung durch Johannes Kleinbeck

ISBN 978-3-85132-730-4, 292 S., € 36,–

Jean-Claude Milner

Die nicht zu unterscheidenden Namen

Aus dem Französischen von Marcus Coelen

ISBN 978-3-85132-729-8, 162 S., € 18,–

Jean-Claude Milner

Das helle Werk

Lacan, die Wissenschaft, die Philosophie

Aus dem Französischen von Regina Karl und Anouk Luhn

ISBN 978-3-85132-728-1, 223 S., € 22,–